Buster Keaton

Reihe Film 3

Mit Beiträgen von
Hans Helmut Prinzler
Walter Schobert
Wolfram Schütte
Wolfram Tichy

Carl Hanser Verlag

Die Reihe Film wird herausgegeben
in Zusammenarbeit mit der
Stiftung Deutsche Kinemathek
von Peter W. Jansen und Wolfram Schütte

Reihe Film
ISSN 0172-8267
ISBN 3-446-13214-7
2. ergänzte Auflage

Gesamtherstellung: Appl, Wemding
Printed in Germany

Reihe Film 3 · Buster Keaton

Die Reihe Film stellt das Werk von Regisseuren, bestimmte Genres oder andere übergreifende Themen des internationalen Films in Monografien vor. Dabei werden die einzelnen Bände unter wechselnden Perspektiven und verschiedenen Aspekten erarbeitet. Eine umfangreiche Filmobibliografie und zahlreiche Abbildungen gehören zu jedem Band.

Der 1895 in Kansas (USA) geborene Joseph Francis Keaton, genannt »Buster«, stammte aus einer Künstlerfamilie. Schon als Dreijähriger stand er auf den Bühnen amerikanischer Vaudeville-Theater, aber erst 1917 kam er zum Film. Der Mann, der nie lachte, wurde zum größten Stummfilmkomiker neben Chaplin und Lloyd. Buster Keatons artistische Körperbeherrschung und seine früh erlernte Kunst des Gag-Timings gestatteten ihm nicht nur, seine pionierhafte, praxisbezogene Komik zu entwickeln, sondern auch (vor allem in seinen großen Filmen zwischen 1923 und 1928) das Medium wie kein anderer Filmkomiker zu handhaben. Nach langen Jahren der Vergessenheit starb Buster Keaton auf dem Höhepunkt seiner nun wiederentdeckten Kunst 1966.

Die Autoren

Hans Helmut Prinzler (1938, Berlin). Studium der Publizistik und Theaterwissenschaft. 1969–1979 Studienleiter an der Deutschen Film- und Fernsehakademie Berlin. Seit 1979 Mitarbeiter der Stiftung Deutsche Kinemathek. Buchpublikation: »Film in der Bundesrepublik Deutschland« (zusammen mit Hans Günther Pflaum). Lebt in Berlin.

Walter Schobert (1943, Erlangen). Studium der Evangelischen Theologie und Theaterwissenschaft. 1967-69 Vikar. 1970-73 Filmreferent der Ev. Konferenz für Kommunikation. Freier Mitarbeiter von »Frankfurter Rundschau«, »Kirche und Film«, »Zoom«. Seit 1974 Leiter des Kommunalen Kinos in Frankfurt a. M. Lebt in Hanau.

Wolfram Schütte (1939, Frankfurt a. M.). Studium der Germanistik, Philosophie und Soziologie in Frankfurt. Mitherausgeber von »Filmstudio« (1962-66). Seit 1967 Feuilletonredakteur der »Frankfurter Rundschau«. Lebt in Frankfurt a. M.

Wolfram Tichy (1946, Regensburg). Studium der Anglistik und Soziologie in Frankfurt a. M. Monografien über Marilyn Monroe, Buster Keaton, D. W. Griffith, Harry Langdon, Charlie Chaplin und Harold Lloyd. Herausgeber von »Buchers Enzyklopädie des Films« (1977). Lebt in Frankfurt a. M.

2., ergänzte Auflage
Redaktionsschluß: 1. Juli 1980

Inhalt

Vor dem Hintergrund seiner Zeit
Elemente einer Biografie

Von Wolfram Tichy

Die Geschichte Joseph Francis »Buster« Keatons ist die eines Mannes, der seinen ersten Publikumserfolg im Alter von neun Monaten erzielte und sich in den folgenden siebzig Jahren seines Lebens nie mehr weit von der Welt der Scheinwerfer entfernte. Es ist die Geschichte eines professionellen Spaßmachers, dessen einzige Schule, dessen einziger Beruf das Showbusiness war, der die Show beherrschte wie kaum ein anderer, und dennoch dem Business unterlag.

Vaudeville

Buster Keaton kam sozusagen zwischen zwei Auftritten seiner Mutter zur Welt; währenddessen absolvierte sein Vater gerade sein Programm als Sänger, Schauspieler oder Possenreißer bei einer jener zahlreichen »Medizinshows«, die noch bis in dieses Jahrhundert hinein durch die entlegeneren Landstriche Amerikas zogen, wo sie von einer Unzahl von Quacksalbern zu dem gleichen Zweck eingesetzt wurden wie heute die Fernsehserien des Vorabendprogramms. Da beide Eltern in der Show beschäftigt waren, mußte Buster bei den jeweiligen Vermieterinnen aufbewahrt werden. Das verbot sich aber nach einer Reihe von dramatischen Unfällen von selbst. Einem dieser Unfälle verdankte er sogar den Namen *Buster*. Erst ein Dreivierteljahr alt, krabbelte er, wieder von niemandem beaufsichtigt, auf der Suche nach menschlicher Gesellschaft aus seinem Zimmer und zur Treppe, die er natürlich nicht meistern konnte. Von dem Fallgeräusch und dem lauten Schreien des Kindes aufgeschreckt, stürzte Harry Houdini, der damals, noch bevor er als Entfesselungskünstler berühmt wurde, mit den Keatons durch die Lande zog, auf den Flur und hob den weinenden Jungen auf. »That's some buster, your baby took« (Das war ein ganz schöner Sturz, den dein Baby da gebaut hat), meinte er zu dem herbeieilenden Vater, der diesen Ausdruck als höchst passenden Namen für sein unfallträchtiges Kind empfand. Die einzige

Alternative, nämlich »Buster« hinter der Bühne aufzubewahren, führte bald zwangsläufig zu etlichen ungeplanten Auftritten, mit denen der Kleine den Eltern die Show stahl. Noch keine drei Jahre alt, wurde Buster daher offiziell Mitglied der *Three Keatons* und begann, Erfahrungen mit dem Publikum und seiner Reaktion zu sammeln.
Anfangs war er nur das Kleinkind, das, regungslos seinen Vater bewundernd, in der Ecke stand. Seine völlige Ungerührtheit angesichts selbst der derbsten Späße seines Vaters und der bedingungslose Lernwille, den seine Lippen verrieten, indem sie jedes Wort seines Vaters stumm nachformten, genügten, um das Publikum zur Hysterie zu bringen. Sehr bald aber war er nicht mehr nur Zeuge, sondern wurde zum Hauptgrund für den rasch wachsenden Erfolg des Trios, das schnell aus den Zelten obskurer Medizinshows in die besseren und besser zahlenden Theater des Vaudeville, des amerikanischen Vorbilds des Varietés, wechseln konnte. Er wurde immer aktiver, das unverschämte Kind, das seinem Vater die Show stiehlt, seine Monologe stört, indem es mit einer Fliegenklatsche imaginäre Insekten erschlägt, oder laut Ball spielt, während sein großer Partner singen will. War er dann so frech geworden, daß auch sanftmütigere Zuschauer dem Vater das Recht der Notwehr zugesprochen hätten, wurde er bestraft. Sein Vater packte ihn an einem eigens dafür an seinem Rücken angenähten Griff und warf ihn hinter die Bühne, ließ ihn über den Boden rutschen oder in den Orchestergraben fallen.
Durch dieses rauhe wie unübertreffliche Körpertraining lernte er, auf jeden plötzlich eintretenden Stoß oder Fall instinktiv richtig zu reagieren und ihn mit der Lockerheit eines stürzenden Betrunkenen abzufangen. Gleichzeitig gelang es ihm, solche Momente nicht nur gut zu überstehen, sondern sie auch möglichst gefährlich aussehen zu lassen. Schließlich beherrschte er einzelne Glieder seines Körpers wie ein Jongleur und war in der Lage, mit seltener Präzision sich mit dem Fuß einen Hut auf den Kopf, einen Besen in die Hand oder mit dieser einen Pfannkuchen in ein beliebiges Ziel zu schleudern.
Der rasche Erfolg ersparte es ihm, wie *Chaplin* die Not der Armut oder wie viele seiner Kollegen die Not des unbeschäftigten Schauspielers erfahren zu müssen. Selbst als die Keatons wegen eines Streits mit dem Management der von Monopolen beherrschten Theaterketten in die Provinz verbannt wurden,

konnten sie ihrer Berühmtheit wegen ständig mit Beschäftigung und mit neuen Engagements in den ersten Häusern New Yorks und anderer Großstädte rechnen. Während *Chaplin* in diesem Alter gerade als Kinderdarsteller reüssiert und den Bereich schlimmster Armut verlassen und während *Harold Lloyd* eben die Schule und die Aussicht auf ein durchschnittliches Bürgerdasein zugunsten vager Theaterträume aufgegeben hatte; während *W. C. Fields* und *Harry Langdon* einem ärmlichen, bedrückenden Zuhause hatten entfliehen müssen, bevor sie auch nur den Weg zu den Medizinshows gefunden hatten, war Buster Keaton seit frühester Jugend ein fest etablierter Star, dessen sechzehnter (in Wahrheit vierzehnter) Geburtstag als das Datum, nach dem er überall regulär auftreten durfte, in Schlagzeilen gefeiert wurde. Während seine späteren Komikerkollegen damals froh waren, wenn sie sich ein Zimmer leisten konnten, waren die Keatons in der Lage, in einem eigenen Sommerhaus Ferien zu machen, in dem sich Buster mit dem Austüfteln verzwickter Mechanismen beschäftigte. Mit deren Hilfe konnte man die Außenwände einer Latrine auseinanderfallen lassen oder arglose Fischer übertölpeln; oder man konnte einen Mann wecken und zwar unter Einbeziehung zahlreicher Gewichte und Gegengewichte, sich automatisch entzündender Streichhölzer, mechanischer Arme und eines Motors, der das Bett zum Schaukeln brachte.
So erklärt sich, daß Buster Keaton erst relativ spät zum Film fand. Es gab für ihn einfach keinen Grund, ein Medium, in dem er ein Star war, zugunsten eines noch unbekannten anderen zu verlassen. Den Grund lieferte sein Vater. Unter der Tatsache, daß er sichtlich älter wurde ebenso leidend wie unter der immer deutlicheren Hintanstellung durch seinen eigenen Sohn, begann er zu trinken. Je haltloser er trank, desto ungehemmter ließ er seinen Zorn auf offener Bühne an Buster aus, bis Buster den Vater verließ.

Das neue Medium

Noch bevor er ein mühelos erworbenes Engagement in New York antreten konnte, ließ Buster Keaton sich von dem früheren Sennett-Komiker *Roscoe Arbuckle*, der sich auch gerade selbständig gemacht hatte und auf der Suche nach komischen

Buster Keaton 1926

Partnern war, dazu überreden, es einmal mit dem Film zu versuchen. Fasziniert von dem neuen technischen Apparat, und vielleicht auch etwas unsicher angesichts des Erfolgszwangs in seinem exponierten New Yorker Engagement, gab er der eine neue Probezeit ermöglichenden Filmkomiker-Existenz in relativer Anonymität den Vorzug. Daß dieser Wechsel auch einen

Buster Keaton 1961

empfindlichen Rückgang in seinen Einnahmen nach sich zog, erfuhr er, der sich nie um Gelddinge hatte kümmern müssen, erst später, ohne sich jedoch dadurch von seinem einmal gefaßten Entschluß abbringen zu lassen.

Anders als Chaplin und die meisten seiner Kollegen konnte Keaton für seine ersten Filme nicht auf eine auf der Bühne erprobte Figur zurückgreifen. Umso bewundernswerter ist es, wie vollkommen Kostüm und Charakter gleich in seinem ersten Film erscheinen. Zwar trug auch er die traditionell übergroßen Schuhe, die aber schnell auf Normalgröße zusammenschrumpften; davon abgesehen aber bietet THE BUTCHER BOY mit einer Ausnahme bereits alle Merkmale des späteren Keaton: das stoische Gebaren, die angesichts seiner Inkompetenz verblüffende Selbstsicherheit und seine drahtigen Bewegungen sind schon so selbstverständlich präsent wie sein flacher Hut und der, im Zeitalter der Fliege noch auffällige, fertiggebundene und mit einem Gummiband befestigte Schlips. Die Ausnahme ist sein auffälligstes Kennzeichen: das ungerührte »versteinerte« Gesicht. Es wird wohl nicht mehr festzustellen sein, wann und unter welchen Umständen Keaton diese Eigenart als charakteristisch erfaßte und stilisierte. Seine Äußerungen dazu widersprechen sich und den Filmen. Jedenfalls war er in seinen ersten Filmauftritten durchaus noch in der Lage, zu lachen, zu feixen oder wie ein Schloßhund zu heulen. Im Vergleich zu den ständig grimassierenden Arbuckle und St. John wirkte sein Mienenspiel allerdings schon damals sehr zurückhaltend.

Der Verzicht auf einen Standardtyp erleichterte es Keaton, verschiedene Charaktere zu verkörpern, vielseitig und doch glaubwürdig zu bleiben. Während Chaplin den Tramp nicht verlassen konnte, Harry Langdon immer das große Baby und Harold Lloyd ungeachtet seiner jeweiligen Verkleidung immer der leichtsinnig naive Optimist blieb, war Keaton in der Lage, seine soziale Stellung und mit ihr den Charakter seiner Hauptperson sehr zu verändern. Die inkompetent strebsamen Helden von COPS und DAYDREAMS haben mit dem sehr kompetenten Johnnie Gray aus THE GENERAL und dem einseitig kompetenten Studenten aus COLLEGE nichts gemeinsam außer der Ernsthaftigkeit, mit der sie die Bewältigung eines schwierigen Problems angehen und dem Stoizismus, mit dem sie weder eine Niederlage noch einen Triumph als solche (an)erkennen. Die Vielseitigkeit der Hauptfiguren bringt eine beispiellose Originalität des sie tragenden Komikers mit sich. Anders als die drei oben genannten Komiker, die immer wieder bestimmte Situationen und Gags aufgreifen und variieren mußten, und daraus eine Tugend entwickelten, wiederholte sich Keaton in seiner großen Zeit nur selten und auch dann nur, wenn die Situation der neuen Figur angemessen oder auf sie neu zugeschnitten war. Ein Beispiel ist die Verwendung des aufwendig-genialen Frühstückszubereitungsapparats in THE SCARECROW und THE NAVIGATOR. Obwohl der Gag im wesentlichen der Gleiche ist, charakterisiert er in dem einem Fall einen einfallsreichen, verspielten Junggesellen und unterstreicht im anderen die Inkompetenz eines Unerfahrenen, der nur über Komplikationen zu praktischen Resultaten findet.

Waren Keatons Auftritte in den ersten Filmen mit Arbuckle noch Bestandteile einer Komödiengattung, die direkt von den Keystone-Slapsticks Mack Sennetts abstammte, so fand er bald zu seinem eigenen Stil, den er so konsequent entwickelte, daß die späten Filme dieser Serie, in denen er nach dem Weggang Al St. Johns gleichberechtigter Partner Arbuckles war, seinen eigenen späteren Produktionen ebenbürtig sind. BACKSTAGE wird von THE PLAYHOUSE nur in der Virtuosität der darin eingesetzten Filmtechnik übertroffen. Gegenüber Arbuckles Auffassung, das Publikum habe die Intelligenz eines zwölfjährigen Kindes, zu dem man »hinunterspielen« müsse, hatte sich Keatons Standpunkt durchgesetzt, wonach das Publikum immer so intelligent reagiert, wie es angesprochen wird. Danach war es nur noch eine Frage der Zeit, bis Keaton sich von Arbuckle trennen und eigene Komödien herstellen würde. Die Gelegenheit ergab sich, als Arbuckle von der Paramount engagiert wurde, um eine Serie von Langfilmen zu drehen. Der Produzent Joe Schenck gab Keaton daraufhin Arbuckles Studio, dessen technischen Stab und den Auftrag, acht zweiaktige Kurzfilme für die damals noch selbständige Metro Corporation des Kinomagnaten Marcus Loew zu drehen. Am 30. September 1920 hatte die erste von den 30 nahezu ausnahmslos perfekten Komödien Premiere, die Keaton in den folgenden zehn Jahren produzieren sollte.

Die zehn großen Jahre

Zu keiner Zeit hat wohl irgendein Land eine vergleichbar große Zahl von komischen Talenten gesehen wie das Amerika der Jahre 1919 bis 1929. Der Nährboden dafür war ideal:

Der Glaube an die Stärke und die Größe des eigenen Landes waren nach dem eben gewonnenen Weltkrieg größer als je zuvor;

eine lange Periode wirtschaftlichen Wachstums erfaßte immer breitere Schichten und verlieh ihnen einen bislang ungekannten Wohlstand;
eine sich immer schneller entwickelnde Technik schien endlosen Fortschritt zu versprechen. Von keinem Zweifel an deren Segnungen berührt, freuten sich die Menschen über die zahllosen Erleichterungen, die sie in ihr Alltagsleben brachte, begeisterten sie sich für die immer neuen Erfindungen der Unterhaltungsindustrie;
Die Prohibition, weit davon entfernt, den Alkohol aus dem Leben der Menschen verdrängen zu können, ließ zahllose »Flüsterkneipen« aus dem Boden schießen, in denen man sich im Gefühl des Genusses am Verbotenen noch intensiver amüsierte.
Um Buster Keatons Leistung vor diesem Hintergrund richtig würdigen zu können, muß man sich vergegenwärtigen, gegen welche Konkurrenz er sich durchsetzen mußte: Das Vaudeville und die Revue erlebten ihre größten Jahre. Obwohl, oder gerade weil sie immer wieder große Namen an den Film verloren, brachten sie eine schier endlose Reihe noch heute bewunderter Komiker hervor.
In der größten aller Revues, den Ziegfeld Follies traten auf: Bert Williams, ein von vielen Komikern bewunderter schwarzer Entertainer, Eddie Cantor, Sänger, Komiker und Superstar, Fannie Brice, das originale »Funny Girl«, W.C. Fields, der Tramp-Jongleur, Leon Errol, der Komiker mit den Gummigelenken, Moran & Mack, das größte Komikerduo zwischen Weber & Fields und Laurel & Hardy, Raymond Hitchcock, später auch Star bei Mack Sennett, und nicht zuletzt Will Rogers, der Kabarettist im Cowboylook, den die ganze Nation zu bewundern und zu lieben schien.
Die wichtigste Konkurrenz, die »Passing Show« der Schuberts, die Keaton zugunsten des Films verschmähte, konnte u.a. Reginald Denny, Smith & Dale, Marie Dressler, Fred Allen und George Jessel anbieten, Namen, die, zum Teil bei uns unbekannt, in Amerika aber noch heute ein Begriff sind. Am Broadway sah man zu dieser Zeit (neben Entertainern anderer Bereiche wie Adele und Fred Astaire) auch die Marx Brothers und Mae West mit ihren Komödien. Im Vaudeville, das in den USA und Kanada täglich etwa 1000 Shows vor zwei Millionen Besuchern zeigte, debütierte Harry Langdon, das große Baby

mit seinem verrückten Auto, und spielte Ed Wynn, ein unvergleichlicher Clown. Dort arbeiteten auch Milton Berle und Jack Benny, die über das Radio zu den größten Komikern Amerikas wurden.
Allein die satirische Zeitschrift »Life«, von der die spätere Illustrierte nur den Namen übernehmen sollte, veröffentlichte unter ihrem Chefredakteur und Hauptfilmkritiker Robert Sherwood die Arbeiten von Dorothy Parker, deren bissige Aphorismen noch heute geflügelte Worte sind, Robert Bench-leys irr-witzige Wortklaubereien und Selbstbeschimpfungen, die ihm später noch Filmruhm einbringen sollten, Ring Lardners Nonsens, der noch viel berühmter zu sein verdiente, und Corey Fords Parodien, die für Amerika waren, was uns die Parodien Robert Neumanns bedeute(te)n. Zu den noch heute beliebten Comics, die schon damals florierten, gehörten Pat Sullivans »Felix the Cat«, Rudolph Dirks' »The Katzenjammer Kids«, George McManus' »Bringing Up Father« und natürlich Walt Disneys »Mickey Mouse«, die am Ende dieser Dekade geboren wurde.
Vor allem aber kam diese Überfülle an Talenten dem Film zugute, der in diesem dritten Jahrzent seiner Existenz bereits eine neue Kunstgattung zu ihrem Höhepunkt brachte und abschloß: die Stummfilmkömödie. Nach den chaotischen Gründungsjahren, in denen immer neue Firmen entstanden und verschwanden, hatten sich die Erfolgreichen, die ersten Filmmogule durchgesetzt. Es waren Individualisten, die von der künstlerisch-technischen Seite ihres Metiers kaum etwas verstanden; aber sie respektierten den Individualismus der von ihnen engagierten Künstler, vorausgesetzt, diese hatten sich einmal etabliert, und sie ließen ihnen die Freiheit, ihr Metier künstlerisch und technisch zu vervollkommnen. Allein die kurzen und langen Komödien dieser Dekade, deren Zahl kaum noch zu schätzen ist, brachten weit über hundert herausragende Komiker hervor. Wer unter solcher Konkurrenz zu den ganz Großen gehören wollte, mußte perfekt, originell, phantasievoll und energisch sein. Nur wirklich professionelle Spaßmacher konnten überhaupt zur Spitze vorstoßen und sich dort halten. Kaum einer überstand diesen aufreibenden Kampf. Roscoe Arbuckle wurde früh das Opfer eines Rufmords, Mabel Normands physischer Verschleiß wurde schon sichtbar, bevor zwei kurz aufeinander folgende Skandale, an denen sie keine Schuld trug, ihrer

Karriere ein Endes setzten. Harry Langdon wurde das Opfer seines zu raschen Erfolges. Max Linder, in Amerika erfolglos, beging Selbstmord. Buster Keaton dagegen, der wie kein anderer sein Publikum kannte, das Timing der Komödie verstand und die Technik des Filmemachens beherrschte, hätte wie Chaplin überdauern können.

Niedergang

Im Jahre 1928 verkaufte jedoch Joseph M. Schenck, der Produzent aller Keatonfilme, seinen Vertrag mit Buster Keaton an die MGM. Deren Geschäfte leitete von New York aus sein Bruder Nicholas. Der von Keaton zunächst erfolglos bekämpfte, danach teils resigniert, teil hoffnungsvoll akzeptierte Vorgang leitete den Niedergang Buster Keatons ein.
Ende der zwanziger Jahre zeichnete sich immer deutlicher die Entwicklung der von Individualisten geleiteten Studios zu schnell wachsenden Massenproduktionsstätten ab. Ähnlich wie das Keaton-Studio von der MGM geschluckt wurde, erging es den meisten kleinen Studios. Aus Handwerksbetrieben wurden Industriekonzerne, deren Management sich statt um die Qualität der Ware zunehmend mehr um deren Standardisierung kümmern mußte. Vorreiter dieser Entwicklung war die MGM, deren Produktionsleiter Irving Thalberg ein kompliziertes System von internen Verantwortlichkeiten erfunden hatte. Die von ihm eingeführte Institution des Produzenten und seine Aufteilung des Studios in einzelne selbständige technische Abteilungen, die alle nur Thalberg direkt verantwortlich waren, hatte schnell den angestrebten Erfolg: er selbst war allein entscheidungsbefähigt. Der einzelne Kameramann, Designer oder Kostümgestalter war nun nicht mehr für das Endprodukt, sondern seinem Vorgesetzten verantwortlich. Er mußte darauf sehen, daß seine Arbeit auch genügend auffiel. Dies führte rasch zu der gewünschten Standardisierung des Produkts, die im Falle der MGM darin bestand, eine Reihe brillanter Einzelleistungen mit einem einheitlichen Glamourüberguß zu verkleben.
Eine selbständige, originale Einzelleistung war in einem solchen Kontroll-System kaum mehr möglich, und gerade so erfahrene Individualisten wie Keaton mußten unweigerlich daran zerbrechen. Das geschah natürlich nicht sofort. Solange seine

Verdienste bei der Konkurrenz noch frisch genug in Erinnerung waren, um deren Begehrlichkeit zu wecken, ließ man ihm genug Leine, um ihm ein Gefühl relativer Sicherheit zu geben. THE CAMERAMAN ist noch ein echter Keaton-Film, auch wenn es darin schon zahlreiche Hinweise auf den Einfluß der MGM gibt: z. B. die glamouröse Fotografie der Hauptdarstellerin, das Engagement Harry Gribbons, eines völlig anders arbeitenden Komikers, und eine für einen Keaton-Film ungewohnte Isoliertheit einzelner Bestandteile. Schon SPITE MARRIAGE und erst recht die Tonfilme zeigen jedoch deutlich, wie hilflos Keaton diesem Prozeß ausgeliefert war. An den früher unvergleichlichen Komiker erinnern nur noch einzelne Einfälle.
In zweifacher Hinsicht wurde Keaton ein Opfer des Tonfilms. Einmal dadurch, daß die Studios das unverhofft exklusive Druckmittel der neuen Technik rücksichtlos einsetzten. Beschäftigt und populär bleiben konnte nämlich nur, wer mit dem neuen Medium Erfahrung gesammelt und sich darin bewährt hatte. Erfahrung mit den wenigen teuren Apparaturen aber durfte nur sammeln, wer sich dem neuen System und seinen Beherrschern fügte. Von John Gilbert bis zu Buster Keaton, von Erich von Stroheim bis zu Rex Ingram wurden so zahlreiche kreative, unbequeme Stummfilmgrößen zu Opfern des Tonfilms.
Es gab jedoch noch einen anderen Faktor. Mit dem Ton wuchs der schwerelosen Akrobatik Keatons ein häßlicher, desillusionierender Realismus zu. Aus einem eleganten Sturz wurde ein krachendes Hinschlagen, aus einem dynamischen Lauf eine physische Anstrengung. Ein wesentliches Element seiner Leichtigkeit ging ihm mit der neuen Dimension verloren: die Stille, in der sie sich zutrug. Diesen Verlust hätte er sicher überwinden können, hätte man ihn in Ruhe experimentieren lassen oder wäre man willens gewesen, seiner Vorstellung von einem sparsam eingesetzten Ton (wie in Chaplins Filmen) zu folgen. Die teueren neuen akustischen Aufnahmeapperaturen wollten exzessiv genutzt werden, um profitabel zu sein. Ohnehin waren in seinen letzten Filmen aus den ungehemmt strömenden physischen Leistungsbeweisen bewundernswerte, aber seltene Höhepunkte geworden, da sich auch bei Keaton die Jahre der ständigen körperlichen Anstrengung bemerkbar gemacht hatten.
Ausgelöst durch seine beruflichen Schwierigkeiten, ergaben

Mooching Through Georgia

sich private Probleme. Seine Frau, die sich durch Keatons intensiven Arbeitsstil und die Pflege seiner zahlreichen Freundschaften schon längere Zeit hintangesetzt fühlte, begann sich, von ihrer Familie ermuntert, von ihm abzuwenden. Die Kosten für seine Haushaltsführung stiegen in gleichem Maße wie seine Spielverluste und wesentlich schneller als sein Einkommen. Sein schon immer starker Alkoholverbrauch entwickelte suchtartiges Ausmaß. In nur fünf Jahren wurde aus dem einstmals athletischen Künstler ein verbraucht aussehender alter Mann, der noch immer über erstaunliche Fähigkeiten verfügte, jedoch nur noch ein Schatten seines früheren Selbst war.

Epilog

Keatons Abstieg vollzog sich nicht so schnell und vor allem nicht so total, wie es heute oft dargestellt wird. Seine frühen Tonfilme gehörten zu den kassenträchtigsten Produktionen der MGM, und selbst die späteren Filme mit Jimmy Durante waren finanziell erheblich erfolgreicher, als ihre schlechte Qualität vermuten läßt. Im Endstadium dieser Entwicklung war es vor allem Keatons desolater psychischer und physischer Zustand, der sein Ansehen und seine noch immer guten beruflichen Möglichkeiten untergrub. Nachdem er unter einem lächerlichen Vorwand von der MGM gefeuert worden war, drehte Keaton zwei erfolglose Filme in Europa und, was in den Augen der Industrie die unterste Stufe einer Karriere war, etliche Kurzkomödien (für die Educational und die Columbia). Da für solche Kurzfilme der Markt zusehends kleiner wurde, bewarb er sich um und erhielt verschiedene Jobs als Gagman, Cameodarsteller und gelegentlicher Helfer in kleinen und großen Nöten – vor allem bei der MGM. Erst das Fernsehen und danach die Wiederentdeckung der Slapstickkomödien verhalfen Keaton zu einer regelmäßigen, ihn ausfüllenden Beschäftigung und schließlich zu nostalgischen Tributen wie A FUNNY THING HAPPENED ON THE WAY TO THE FORUM (Richard Lester) und THE RAILRODDER (Gerald Potterton), deren Regisseure als erste seit 30 Jahren Buster Keaton und seinen Humor wenigstens verstanden, wenn sie ihn auch, da der Komiker nun doch zu alt war, nur noch andeutungsweise wiedererwecken konnten. Buster Keaton starb als Künstler 1929; und man sollte, was danach kam, übersehen oder vergessen.

Elmer

So jedenfalls will es die »gnädige« Version seiner Biografie. Damit werden aber die Anstrengungen eines halben Lebens ebenso negiert wie die Tatsache unterschlagen, daß Keaton gar nicht mehr zu seiner früheren Identität zurückfinden wollte, sondern sich bemühte, eine den neuen Umständen angemessene Rolle zu entwickeln. Denn der Keaton der Tonfilme war, mehr noch als der der frühen Arbuckle-Filme, ein anderer Typus. Ihn an dem Helden seiner großen Filme zu messen, wäre höchst ungerecht. Zu Recht hat sich kein erfolgreicher Komiker des Tonfilms der gleichen Mittel bedient wie die Großen des Stummfilms, und selbst moderne Wiedererweckungsversuche der Stummfilmkomik wie die eines Pierre Etaix oder eines Jacques Tati wirken wie ein grandioser, aber nicht sehr sinnvoller Ausbau einer Sackgasse. Es gibt kein Zurück. Von den ersten Versuchen in den Kurzgrotesken der Warner Brothers bis zu

so kollossalen Fehlschlägen wie IT'S A MAD MAD MAD MAD WORLD oder THE GREAT RACE sind noch alle Versuche, Momente der Stummfilmkomödie zu restaurieren, gescheitert.
Denn immer wieder übersah man, daß diese authentischen Komödien wesentlich auf ihrer Sprachlosigkeit beruhten und daß die Wirklichkeitsnähe, welche der Ton mit sich brachte, entweder realitätsbezogenere Gags verlangte oder aber die Figuren bis zur Karikatur verfremden mußte, um die Filme nach wie vor plausibel erscheinen zu lassen. Nur wenige haben Mack Sennetts Maxime folgend, »nur das Unwahrscheinliche, niemals aber das Unmögliche zu zeigen«, auch in Betracht gezogen, daß im Tonfilm viel mehr unmöglich erscheint als im Stummfilm.
Buster Keaton hatte das relativ früh erkannt. Da er seine Mittel nicht ändern konnte, entwickelte er für sich eine neue Rolle. Der neue Typ wurde, wie auch sein Name Elmer Edgemont, schon in SPITE MARRIAGE gefunden und war von Anfang an, ähnlich wie Buster in THE BUTCHER BOY, erstaunlich komplett. Ob-

His Ex marks The Spot

wohl noch ein Stummfilm und obwohl noch sehr häufig an den früheren Buster erinnernd, muß man SPITE MARRIAGE eher als interessanten Auftakt einer nie ganz geglückten Karriere denn als mißglückten Schlußakkord einer großen Erfolgsserie betrachten. Der wesentliche Grund für die Zwitterhaftigkeit des Films ist gerade die Tatsache, daß er auf Kosten des neuen Elmer-Typs noch zu oft an den alten Buster erinnert.
Elmer Edgemont ist eine Karikatur. Mit dem alten Buster verbinden ihn nur noch eine hoffnungslose Inkompetenz und seine unbeirrbare Zielstrebigkeit. Wenn er im Finale von SPITE MARRIAGE wieder der alte Buster wird und seine athletischen Fähigkeiten verrät, wirkt dies schon als Stilbruch. Denn Elmer ist nicht mehr in der Lage, aus seinen Fehlern zu lernen und durch eine große Anforderung über sich selbst hinauszuwachsen. Er ist stattdessen endlos willfährig und geduldig, und er besitzt ein erschreckendes Vermögen, Demütigungen zu ertragen. Seine Unfähigkeit, mit dem Leben fertig zu werden, ist so hoffnungslos unverbesserlich, daß man seinen Bemühungen allenfalls Mitleid, nicht aber mehr Sympathie entgegenbringt. In diesem Sinn ist er der direkte Vorläufer moderner Underdogs wie Jerry Lewis oder Woody Allen, denen eine wesentlich bessere Kontrolle über ihr komisches Material und vor allem eine zielsichere Sozialkritik die nötige Schärfe verleiht, welche Elmer stets fehlt. Mit beidem hatte nämlich die MGM, deren Vorstellungen zunächst Keatons Filme und dann wohl auch ihn selbst prägten, wenig im Sinn.
Zur Harmlosigkeit verurteilt, vermochte Keaton nur, seine Elmer-Filme vordergründig lustig zu machen, gelegentlich ein zwar herzliches, aber doch nur der unmittelbar aufscheinenden Groteske verpflichtetes Lachen auszulösen. Leider ist es uns wegen der allgemeinen Mißachtung und der entsprechend geringen Verbreitung dieser Filme nicht möglich gewesen, sie wenigstens in ihrer Mehrzahl anzusehen. So stand uns von seinen wichtigen Langfilmen nach SPITE MARRIAGE keiner, und von seinen Kurzfilmen nur eine vom Zufall bestimmte Auswahl zur Verfügung. Diese Auswahl muß daher genügen, eine Ahnung von dem Charakter und der Spannweite der späten Filme zu vermitteln. Darüberhinaus kann nur auf die Studie Jean Pierre Coursodons verwiesen werden, der diese Filme zwar nicht schätzt, ihren Inhalt aber detailliert genug wiedergibt, um weitergehende Spekulationen zu erlauben.

Buster Keatons Elmer-Filme sind zugleich das Klagelied und das Hohelied des gedemütigten, durchschnittlichen Underdogs. Er wird darin geprügelt, verhöhnt, strengt sich an und muß leiden, ohne durch den geringsten Erfolg belohnt zu werden. Sein Triumph besteht fast immer nur darin, daß die imposanten Aktivitäten der Überlegenen vor lauter Genuß an der Selbstbestätigung genausowenig zum Ziel, sondern eher zu einer Schwächeposition führen, die es Elmer erlaubt, ein einziges Mal, aber dafür im rechten Moment, Sieger zu sein. In der Militärklamotte TARS AND STRIPES z. B. zieht das Mädchen, der dauernden Eifersuchtsanfälle ihres Sergeanten überdrüssig und von der so tollpatschigen wie unfreiwilligen Galanterie des Matrosen Elmer angenehm berührt, schließlich mit diesem davon. THREE ON A LIMB wartet mit besonders exquisiten Demütigungen auf. Elmer tritt, ausschließlich des lächerlichen Effektes wegen, im Kostüm eines Pfadfinderführers auf. Allein bei dem Versuch, zu seinen Schwiegereltern in spe vorzudringen, eckt er ständig an, verfängt er sich in Stoßstangen und Feuerwehrschläuchen. Als er sich einem kräftigen Rivalen gegenübersieht, holt er (Buster hätte das nie nötig gehabt) einen anderen kräftigen Mann – ebenfalls ein Rivale, wie sich herausstellt – zu Hilfe. Der Kampf um das Mädchen findet ohne ihn statt. Er zappelt abseits des eigentlichen Geschehens in einer Feuerleiter. In NOTHING BUT PLEASURE heißt die Zentralfigur zwar wieder Buster, verfügt aber über alle Charakteristiken Elmers. In diesem Film scheitert er mangels äußerer Widerstände ausschließlich an sich selbst. Sein scheinbar schlauer Einfall, ein neues Auto direkt beim Hersteller zu kaufen, um die Kosten für den Transport und den Zwischenhandel zu sparen, entpuppt sich als Vermessenheit. Im wesentlichen an sich selbst leidend, kann er nicht von einem Fehler seines Gegners profitieren. Schließlich wird er, nachdem er alle seine materiellen Güter ruiniert hat, auch von seiner erstaunlich loyalen Frau vertrieben. Dem gleichen Schicksal entgeht er in HIS EX MARKS THE SPOT nur, weil er zur Waffe greift, um seine geschiedene erste Frau, die er, um Alimente zu sparen, bei sich wohnen läßt, zur Heirat mit ihrem Freund zwingt. Dieser Film ist von einer grausamen Komik und deutet darauf hin, daß Keaton ein gewisses masochistisches Vergnügen daran gehabt zu haben scheint, Elmer leiden zu lassen.

LOVE NEST ON WHEELS und MOOCHING THROUGH GEORGIA zeigen

Pest From The West

einen anderen Elmer. Im ersten Film gehört er zu einer hinterwäldlerischen Familie (wie schon in PALOOKA FROM PADUCAH spielen seine Mutter und seine Geschwister die übrigen Familienmitglieder), die irgendwo im Mittelwesten ein verfallenes Hotel unterhält, »das einzige im Umkreis von fünfzig Meilen«. Die Selbstverständlichkeit, mit der man in dieser Gegend die Dinge treiben läßt, gibt Elmer einen soliden Hintergrund, vor dem seine Unbeholfenheit zum Bestandteil einer Lebensanschauung wird und seine Einfälle den Anschein außerordentlicher Pfiffigkeit haben. In MOOCHING THROUGH GEORGIA melden er und sein Bruder sich versehentlich bei je einer der verfeindeten Parteien des Sezessionskrieges, was es ihnen ermöglicht, sich den über sie hereinbrechenden Truppen beider Lager abwechselnd als Gefangene oder Häscher zu präsentieren und von ihnen in Ruhe gelassen zu werden. Ohne daß der Film auch nur entfernt an THE GENERAL heranreicht, teilt er mit ihm die völlige Verachtung des Militärs, das als ein Haufen unfähiger Hanswürste dargestellt wird. Vor diesem Hintergrund kann selbst Elmer einen guten Eindruck hinterlassen.

Man würde diesen Filmen mit ihren geringen Ambitionen Gewalt antun, wollte man allzuviel in sie hinein- oder aus ihnen herauslesen. Es ist offensichtlich, daß es Keaton meist darum ging, angesichts der miserablen finanziellen Ausstattung und der ständigen Zeitnot, unter der er diese Filme produzierte, wenigstens halbwegs passable Kurzfilme zustande zu bringen. Von ihren Produzenten als billige Programmfüller angesehen, deren Rentabilität ohnehin fragwürdig war, wurden die Filme mit minimalen Budgets ausgestattet, deren Löwenanteil an den sie tragenden Ex-star ging. Es darf also nicht verwundern, wenn Keaton immer wieder auf Einfälle aus früheren Filmen zurückgriff. TARS AND STRIPES wiederholt in seinen besten Szenen Sequenzen aus DOUGHBOYS, für LOVE NEST ON WHEELS übernahm Keaton zahlreiche Gags aus THE BELLBOY, paßte sie aber sehr geschickt dem neuen Hintergrund und seinem vorgerückten Alter an. Immer wieder kehrt er zu kleinen Szenen zurück, in denen Elmer auf sehr umständliche Weise mit einem unhandlichen Paket in Form einer bewußtlosen Frau umgeht. Mit dieser Anleihe aus SPITE MARRIAGE gastierte Keaton auch in verschiedenen Theatern Amerikas und Europas. Ein Kurzfilm kopiert sogar vollständig einen Spielfilm. Die Geschichte von einem reichen Weltumsegler, der in jedem Hafen, in diesem Fall einem mexikanischen, in Schwierigkeiten gerät, hat Keaton schon in THE INVADERS erzählt. Für den Kurzfilm THE PEST FROM THE WEST übernahm er alle guten Gags und befreite die Geschichte von überflüssigem Ballast. Das Resultat ist ein außerordentlich komischer Kurzfilm, der zumindest den frühen Arbuckle-Filmen nicht nachsteht.

Trotz solcher bescheidener Errungenschaften ist natürlich nicht zu bestreiten, daß die Erfolge, die Keaton mit Elmer hätte haben können, nie über diesen Konjunktiv hinausgelangten.

Zerstreutheit und Energie
Erfahrungen eines dilettierenden Mechanikers

Von Wolfram Schütte

1. Der Sprung

Bergamo (AP). Dichter Nebel ist am Sonntagabend zwei italienischen Kraftfahrern auf ungewöhnliche Weise zum tödlichen Verhängnis geworden. Die beiden wollten sich nach einer Massenkarambolage auf der Autobahn Mailand-Bergamo vor weiteren Auffahrern in Sicherheit bringen und schwangen sich über die Seitenbegrenzung – ohne bei der schlechten Sicht zu bemerken, daß sie sich auf einer 30 Meter hohen Brücke befanden. Sie waren auf der Stelle tot.

Wäre es so, dann hätte alles schnell ein Ende. Die Groteskkomik des Stummfilms lebt davon, daß sie den Tod nicht scheut, aber auch nicht findet. Sie feiert Wiederauferstehung, ohne daß es des Todes bedarf. Wir sind noch einmal davongekommen: Keaton, Chaplin, Lloyd und andere. Entkommen, Davonkommen, Lebenbleiben – darum geht es in den komischen Kämpfen, die alle zu bestehen haben. Keaton vielleicht mehr als die anderen, weil er sich tiefer ins Leben, und also auch ins Überleben einläßt. Einem Unglück ins nächste, größere zu entfliehen: das gehört zu den Paradoxien seiner Komik. Ein Vorfall wie der auf der Autobahn Mailand–Bergamo wäre in seinen Filmen ohne weiteres denkbar, nur daß unter der Brücke ein Heuwagen stände oder das Meer wäre. Denn überleben muß er den Sturz in den nahebeistehenden Tod – nicht allein, damit die Show weitergeht, sondern auch (und mehr noch) damit er Erfahrungen mit dem Leben sammelt.
Zugleich würde er den Sprung nicht scheuen, nachdem er vor dem Schrecken erst einmal geflüchtet ist. Der Schrecken hat eine Faszination für Buster, und er will wissen, warum. Ein Weg aus dem Schrecken heraus führt für Buster nur durch ihn hindurch. Erkenntnis und Interesse. Buster – oder die Schrecksekunde und ihre Überwindung. Zwischen Tragik und Komik

The Goat

liegt ein Sprung, der »Keinen-Tod« bedeutet. Buster springt in die Welt, nur dadurch kann er sie überwinden: indem er sie sich handhabbar macht.

2. Das Gesicht

Busters Gesicht, »the great Stone-Face«, darüber ist viel nachgedacht worden, um es als Rätsel aus der Welt zu bringen. Widersprüchlich, was man darin fand; vor allem: Nichts; nichts Menschliches, keine Emotion, sondern: Mechanik, Ödnis. So viele Anstrengungen, hinter das provozierende Rätsel dieses Gesichts zu kommen, wie Buster in Keatons Filmen sie unternommen hat, hinter das Rätsel Welt zu gelangen. Was einem, als Zuschauer, entgegenblickt, ist eine Fremdheit, die bis zum äußersten geht. Es ist das Gesicht, dessen strenge Geometrie aus flachem Oval und dem scharfen Strich des Nasenrückens an die Simplizität erinnert, die uns in der Archaik der Masken und Bildnisse der Primitiven beunruhigt.

Es ist ein Gesicht vor aller Individualität, vor der Zeit, der Geschichte, bevor es ein Sterben gab. Gesicht der Frühe, der Ferne. Osterinsel, Mayakulturen, afrikanische Prähistorie. Monumental und einfach, weil sprachlos und von stummem Pathos des Schweigens. Es ist ein Blatt, weiß, unbeschrieben. (Erst später wird sich die Zeit des Lebens darin eingraben mit dem Aufwurf der Falten, den Erosionen des Alterns.) Das Gesicht, ein Schild, der Welt entgegengehalten. Schutzschild, eine granitene Mauer des Widerstands.

Busters Gesicht ohne Lachen und Tränen ist zugleich das Gesicht des Clowns. Die Clowns, unsere letzten Naiven – mehr als in Chaplin oder Lloyd überdauern sie zuletzt in Keatons Buster. Das ist der Blick, in dem das Auge zum erstenmal vom Lid sich befreit und die Welt sieht. Die Welt sehen: in dem Gesicht, das keine Muskeln zu haben scheint, bewegen sich Augen; unter dem senkrechten Strich der Nase liegt die Waagrechte des Mundes; er spricht. Aber man hört ihn nicht. Die Augen sprechen sehend. Aber was?

Busters Gesicht: seine Kamera. Verändert sich die Kamera? Sie setzt sich der Realität entgegen, sie hält an Bildern fest, was ihrem Objektiv sich darbietet. Das Material – es wird entwickelt, bearbeitet, geschnitten, montiert woanders. Die Welt, der Buster begegnet, wird entwickelt, bearbeitet, geschnitten, montiert nicht in seinem Gesicht; sondern dahinter. Und wo noch?

Pudowkin berichtet: »Kuleschow machte zusammen mit mir einen interessanten Versuch. Wir entnahmen irgendeinem Film verschiedene Großaufnahmen des bekannten russischen Schauspielers Mosjukhin. Wir wählten Aufnahmen, die keinen besonderen Ausdruck hatten, Großaufnahmen des unbewegten, ruhigen Antlitzes. Diese Aufnahmen, die einander sehr ähnlich waren, montierten wir mit anderen Filmstücken in drei verschiedenen Kombinationen. In der ersten Kombination folgte auf die Großaufnahme des Schauspielers die Aufnahme eines Tellers Suppe auf einem Tisch. Ganz offensichtlich schaute Mosjukhin die Suppe an. In der zweiten Kombination wurden dem Bild Mosjukhins die Aufnahme eines Sarges mit der Leiche einer Frau beigefügt; in der dritten folgte auf die Großaufnahme die Aufnahme eines kleinen Mädchens, das mit einem Teddybär spielt. Als wir die drei Kombinationen dem Publikum, dem wir unser Geheimnis nicht verraten hatten, vorführten, war die Wirkung ungeheuer. Das Publikum war von der schauspielerischen Leistung Mosjukhins hingerissen. Man wies auf die tiefe Nachdenklichkeit seiner Stimmung über der vergessenen Suppe hin, man war gerührt und bewegt über die Trauer seines Antlitzes angesichts der Toten und bewunderte das sanfte, glückliche Lächeln, mit dem er dem spielenden Mädchen zuschaute. Nur wir wußten, daß in allen Fällen der Gesichtsausdruck der nämliche war.« (Pudowkin, »Filmtechnik«, Zürich, 1961.) Busters Impassibilité, sein unbewegliches Gesicht – woher es auch kam, woran es auch erinnert –, war auch einer der genialsten Einfälle eines Mannes, der Filme machte. Nicht Spiegel ist es, sondern Reflektor; was sichtbar wird, entsteht zwischen dem Gesicht und der Welt, auf die es prallt. Sein Rätselcharakter ist der der Realität, der Buster es entgegenhält. Rätsel und Lösungen, die man in den Filmen liest (nicht auf dem Gesicht), sind Rästel und Lösungen dazwischen. Beides aber: Produkte, Ergebnisse einer unsichtbaren Montage. Alles, was mit Buster geschieht und er im Kampf mit der Realität zum Geschehen macht, ist als Bild, sichtbar, vorhanden und als gereizte Emotion, unsichtbar, im Bewußtsein der Zuschauer. So definieren sich Buster und sein Gesicht jeweils neu, wie auch die Welt immer neu ist, der er entgegentritt. Buster Keaton, das bedeutet: das Kino im Kopf; das ist: Eisensteins Assoziationsfilm ohne dessen sichtbare Montage.

3. Pionier des Alltags

Buster, Keatons Zentralfigur, hat keinen festen sozialen Standort (wie Charlie, der einsame Tramp), besitzt auch keinen Charakter. Buster trägt sein Gesicht; der Rest des Körpers: nichts als Bewegung. Action. Ein Strich, wenn Charlie ein Kreis wäre. Buster sind Verhaltensweisen; vor allem: der mühsame Weg zu Erfahrungen. Die kann man von unten nach oben und von oben nach unten machen; auch von der Seite. Vor allem: er fängt an, und er weiß noch nichts. Er sammelt.
Keatons große Filme beginnen mit Parsifals Reise in die Welt. Buster kann ein verwöhnter reicher Nichtstuer sein (wie in THE SAPHEAD, THE NAVIGATOR und BATTLING BUTLER), ein Greenhorn (wie in OUR HOSPITALITY, STEAMBOAT BILL JR. und GO WEST), ein Musterschüler, eingesponnen in sein Wissen (COLLEGE), oder ein Lokomotivführer, der in einen Krieg verwickelt wird (THE GENERAL): immer hat er Lehrgeld zu zahlen, muß er lernen, macht er mit der Wirklichkeit – oder einer, von der er noch nicht wußte, – Bekanntschaft. Selbst in seinen früheren, kleineren Filmen ist er ein Flaneur, der ins Leben gerissen wird. Was sich hier zuträgt: wie Privatheit von Öffentlichkeit durchdrungen wird. Wahrnehmungsfilme.
Keatons Filme lassen sich auf den Alltag ein. Ihren Realismus, der die Wirklichkeit, die »physische Realität der Dinge« – ganz wie im Sinne Kracauers – »errettet«, so daß sie als Landschaften, Wasser, Licht, Straßen, Häuser, Geschäfte, als Geschehnisorte mit der Blickweite der Totalen aufgenommen in seinen Filmen präsent sind: – ihren Realismus darf man gleichwohl nicht mit Naturalismus verwechseln. Keaton zitiert Wirklichkeit (z. T. über die Vermittlung historischer Bilder wie in OUR HOSPITALITY oder THE GENERAL) als Beweis der Authentizität. Das ist für ihn eine Frage der Moral: wenn sich Buster auf Wirklichkeit und den Alltag einläßt, dann muß es auch die unverstellte Wirklichkeit sein, der authentische Alltag. Mag sein, daß dem auch konkrete Erfahrungen des Akrobaten Keaton zugrunde liegen. Die Tricks sind um so frappierender, je selbstverständlicher sie sich entwickeln; je mehr sie sich in der authentischen Wirklichkeit – authentisch für den Zuschauer, der damit einbezogen wird – zutragen, desto glaubwürdiger, »realistischer« sind sie. Für einen selbstbewußten Akrobaten wie Keaton – einer der größten des Films – war es wichtig, seinen

Our Hospitality

Zuschauern Busters Fähigkeiten als menschliche Leistungen zu zeigen, nicht als Tricks des Mediums. Der Realismus von Keatons Filmen kommt – neben anderen – auch aus dem Stolz, mit der Realität fertig zu werden, und zwar nur auf Grund der eigenen Energie, der Kaltblütigkeit und Intelligenz Busters.
So gelangt Keaton zu einer Authentizität, die ins Phantasmagorische hineinwächst, im Gegensatz zu den vielen späteren Horror- und phantastischen Filmen, die ihre Phantasmata auf Wirklichkeit einschwören wollen. Das ist auch der Grund, warum Surrealisten wie Buñuel Keaton so hoch schätzten.
Oft ist der Gestus, mit dem Buster der Welt begegnet, als Hal-

tung eines Pioniers charakterisiert worden. Buster bricht aber selten auf, um neue Landstriche in fernen Kontinenten zu finden. Das Neue liegt vor der Tür der Häuser, ist in ihnen; die Kontinente, die er forschend durchmißt, sind Straßen, Innenhöfe, Zimmer, Treppen. Andererseits aber auch Hügel, Wasser, Schiffe; am charakteristischsten: jene Vorstädte, wo Eisenbahnzüge plötzlich über Straßen rasen, wo neben Häusern Matsch und Dreck sich ausbreiten, wo sich Zivilisation & deren Mechanik mit Natur & deren Selbstbewegungen durchdringen. Wenn Buster Pionier ist, dann einer, der im Alltag sein Betätigungsfeld findet.

4. A = B, B = C, A ≠ C

Leben heißt für Buster Lernen, Lernen ist Wiederholen. Was Buster lernen will fürs Leben, sind Handlungsweisen, die passen, ist Sprache der Gesten, Griffe und Haltungen. Wie stark und zugleich selbstverständlich Busters Wunsch ist, sich in der Welt zurechtzufinden, kann man sich durch folgende Szene (im Vergleich zu Charlies mutmaßlicher Reaktion) vor Augen stellen: Buster hat (in HIGH SIGN) einem Mann eine Zeitung entwendet. Darin sucht er eine Stellenanzeige. Er blättert die Zeitung auf, faltet sie auseinander, und kann gar nicht damit aufhören, bis sie zu einer großen Plane geworden ist, hinter der er verschwindet. Aber er findet eine Anzeige. Wie selbstverständlich faltet er diese Zeitungsplane wieder zusammen, nimmt sie unter den Arm (wie ein Zeitungsjunge), so daß ihn der Bestohlene dafür hält, und ihm seine eigene Zeitung abkauft.
Keaton stellt das in wenigen Halbtotalen dar. Chaplin hätte Charlies Erstaunen über das ins Gigantische wachsende Blatt gewiß mit einer Großaufnahme des verstörten Charlie verstärkt, und dann wäre Charlie von der Plane überwältigt worden und geflohen, ohne zu finden, was er gesucht hatte. (Komisch sind beide Situationen. Während Charlies Komik aber zur Katastrophe, zur Anhäufung des Unheils führt, vor dem der Tramp nur fliehen kann, besticht Busters Komik, hier wie auch oft an anderen Stellen, durch die Geometrie ihrer antitragischen Geschlossenheit.)
Da Buster lernen will, lernen wir als Zuschauer mit ihm. So sehr ist die Kommunikation, die Verständigung in unserem Le-

ben von der Sprache, dem Sprechen in Wörtern geprägt und so selbstverständlich korrespondieren ihnen Haltungen und Gesten unseres Körpers, daß wir dessen Sprache, dieses sinnlichere, sichtbarere Verhältnis zur Welt als identisch mit der Lautsprache akzeptieren. Keatons Stummfilme und Busters Erfahrungen belehren uns da eines Besseren. Deshalb sind sie, gerade im Augenblick, wo Peter Handkes *Ritt über den Bodensee* verwandte Kritik an der Zufälligkeit und am Widerspruch zwischen Wort und Welt, zwischen Satz und Geste anmeldet, für uns Wiederentdeckungen einer weitgehend verschütteten Wirklichkeitserfahrung.

Erfahrungen einfach nur zu sammeln – das führt zu einem Sack mit nutzlosem Gerümpel. Nützlich wird es erst, wenn es verwendbar ist. Buster will seine Erfahrungen nutzen. Man macht eine, um sie nicht wieder zu machen. Aus Erfahrungen lernen, heißt Analogien herstellen. Analogisieren: Buster betreibt unermüdlich dieses Geschäft. Bei einem Trödler probiert er einen Anzug, in dessen Taschen zuvor ein Gauner Geld versteckt hat, das er dem Trödler entwendet hatte. Als es ans Bezahlen geht, hat Buster kein Geld. Auf der Suche nach ihm fährt er in die Hosentaschen der neuen Hose und fördert das Geld zutage. Er bezahlt, entfernt sich. Sekunden später kommt er zurück und durchstöbert die Hosen anderer Anzüge, die der Trödler zum Kauf anbietet. Der Eindruck, den der überraschende Fund auf ihn gemacht hat, läßt ihn alle Hosen, die sich in einer vergleichbaren Situation am selben Ort wie seine befinden, mit der Vorstellung identifizieren, sie enthielten Geld. Diese Haltung hat etwas vom Experimentiercharakter des Forschers. Was ihm einmal gelungen ist, muß wiederholt werden. Es ist der Wunsch, aus dem Zufall die Erkenntnis der Notwendigkeit (ein Gesetz) zu machen: Entdeckerfreude.

In THE BALLOONATICS gerät Buster in eine wilde Gegend. Er muß sich nach Nahrung umsehen. Also geht er angeln. Kein Fisch beißt an, so sehr er sich auch bemüht. Da fällt ihm etwas ein, was er schon einmal wahrscheinlich auf einer Farm gesehen hat. Er steigt ins Wasser, breitet seine Arme aus und scheucht die Fische wie Hühner vor sich her.

Analogisieren, quid pro quo, ein Bild fürs andere, im Kleinen wie im Großen, schlägt an manchen Stellen um in die Metapher: aus Bildern der Stummheit werden Töne. Die Steinmassen, mit denen er sich gegen die Brautmassen, die ihn verfolgen, zur

The General

Wehr setzt – Kampf mit gleichen Quantitäten –, werden ihm selbst zum Verhängnis: der menschliche Aufruhr setzt sich im Natürlichen fort, an dessen Stabilität Buster gerührt hatte. Eine andere Szene, auch aus SEVEN CHANCES, der so etwas wie ein Lehrfilm über die soziale Funktion von Gesten ist, besonders, wenn es um Brautwerbung geht: Buster ist bereits von vielen Frauen als Heiratskandidat abgelehnt worden. Nun schickt er ein Briefchen (»Wollen Sie mich heiraten?«) zu einer Unbekannten, die auf einer Empore sitzt, und er wartet, daß sie auf ihn herunterblickt. Doch von oben fallen nur Schnitzel des zerrissenen Briefs auf Buster, der sich den Kragen hochschlägt. Analog-schlüssig ist noch, daß er auf den Schnitzel-Schnee mit dem Kragenhochschlagen antwortet und sich schüttelt; darüber hinaus – über das pure komische Analogon – führt aber der Zusammenhang, in dem dieser Moment steht: Buster ist wieder, endgültig abgewiesen worden. Kälte der Einsamkeit, Verlassenheit, Hoffnungslosigkeit, eisige Verachtung: keine (falsche) Analogie könnte eine (richtigere) Metapher dafür sein als diese. Oder: Buster, in THE NAVIGATOR, glaubt sich allein auf einem im Ozean treibenden Dampfer. Er hört Geräusche. Das Schiff wiegt sich in den Wellen, wenn es nach Backbord überholt, öffnen sich alle Türen der Kabinen auf der einen Seite, wenn es nach Steuerbord überholt, fallen sie wieder ins Schloß. Davon wird Buster genarrt. Keaton versteht es durch die ungemein genau getimte Mechanik der Vorgänge; durch die Geometrie, in die er große und kleine Bewegungen (Busters und des Mädchens Suche nach einander auf dem Schiff im NAVIGATOR oder die Hin- und Rückreise zwischen den Fronten im GENERAL) erzählerisch aufteilt, nicht nur immer weitere Analogien und Parallelismen herzustellen, sondern z.B. im Falle der aufgehenden und zuschlagenden Türen einen visuellen Eindruck synästhetisch in einen akustischen zu verwandeln. Man hört, weil man so sehr gezwungen wird, genau zu sehen: gespenstisch.

Busters analogisierendes Verhalten orientiert sich am Zeichenwert, den Gesten in unserem täglichen Leben besitzen. Sie überträgt er getreu auf andere Gegenstände und Objekte, wobei die Intention, die in diesen Zeichen enthalten war (z.B. hier wie dort: Tiere zusammentreiben), die gleiche ist. Jedoch der Zeichenwert ist begrenzt. Buster löst ihn aus seinem konkreten Zusammenhang, abstrahiert ihn, und damit wird er unsinnig. Er funktioniert nicht mehr.

Nun ist es aber nicht so, daß Buster immer scheitert. Oder, daß nur er sich auf den Zeichencharakter so bedingungslos verließe. Während einer Verfolgungsjagd in einem Hotel kann Buster nicht mehr in den Aufzug entwischen. Neben dem Aufzug steht ein Telefonhäuschen, mit einer Scheibe. Buster springt blitzschnell in das Telefonhäuschen, schließt es vor dem Verfolger, und verschwindet nach unten. Busters Verhalten imitiert das Runterfahren im Aufzug, sein Verfolger wird dadurch zur Wahrnehmungsanalogie mit dem Aufzug gedrängt. Buster kann entwischen.

So vermag Wahrnehmung durch Imitation bestimmter fixierter Gesten manipuliert zu werden. In einem anderen Film schneidet er das furchterregende Bild eines Killers aus einem Suchplakat heraus, stellt es vor das Fenster einer Kneipe und streicht dort als Gehilfe des Killers das Geld ein. Nur durch einen Betrunkenen, der das Bild am Fenster umstößt, wird Busters Coup zunichte.

In THE GOAT gibt es eine ähnliche Stelle. Buster wird überall gesucht, weil durch einen Trick sein Bild überall als Bild eines Mörders aushängt, der geflohen ist. Buster, auf der Flucht, benutzt sein Konterfei wie eine Polizeimarke, die ihm Raum schafft. Als er ein Taxi besteigt, braucht er nur sein Bild zu zeigen, und das funktioniert wie eine Pistole. Der Witz kommt hier jeweils aus der Umfunktionierung von Zeichen. Sie bestimmen unser Leben. Soviel hat Buster begriffen, aber das war ein langer Weg. Und der ist nicht zu Ende.

Denn wer genau auf Buster sieht, wird an ihm etwas Somnambules entdecken. Sein schlendernder Gang, seine ersten Reaktionsweisen sind träumerisch. Fast sieht es aus wie eine mechanische Versonnenheit, er läuft wie eine Uhr, die aufgezogen ist. Man hat ihn mit einer Maschine verglichen. In der Tat ist ein großer Teil seines Wesens Arbeit: besser noch: Verdauen. Ein Magen, der die Welt inhaliert. Er nimmt sie auf, kaut sie durch, schluckt sie runter, verdaut sie und entläßt sie wieder.

Er verarbeitet Welt. Was er beim Verdauen einmal gelernt hat, beim Kauen und Schlucken, fährt er fort zu tun, während sich doch verändert, was er aufnimmt, was ihm begegnet. Bis er Schluckbeschwerden bekommt, ausspuckt, stutzt, flieht – und sich erneut darauf einläßt.

Dabei entstehen Ungleichzeitigkeiten, Zeitversetzungen, -verrückungen: weil seine subjektive Zeit, welche auf Versonnenheit tendiert (die nichts anderes wäre als Routine) mit der objektiven draußen in der Welt, die sich dauernd verändert, zusammenstößt.

Aus derartigen Versonnenheiten, in denen der traumwandlerische Lebensgestus der Zirkusclowns fortdauert, sprengen ihn Erlebnisschocks des Neuen heraus. Nicht nur ihn allein, sondern auch uns (als Zuschauer) und die Welt (der Menschen) in seinen Filmen. Der Rindertreck, den er (in GO WEST) mitten durch die belebten, befahrenen Straßen einer Großstadt treibt; der sich (natürlich) zerstreut und Panik erzeugt, stellt durch eine Choreografie des wachsenden Chaos den menschlichen Alltag auf den Kopf und hebt ihn aus den Angeln. Kühe in Kaufhäusern, Barbiersalons, Hauseingängen und in Schaufenstern: – abgesehen davon, daß sich daraus genuin surrealistische Provokationsfolgen und deshalb auch -freuden ergeben, treffen hier auch Land und Stadt, der Wilde Westen und der hochzivilisierte Osten, Kühe und Menschen zusammen, also: zwei Zeiten, zwei Räume vor allem. Sie sind weniger ineinandermontiert als (wie von einem Chemiker) experimentell zu einem explosiven Gemisch vereint. Aber solche Schocks, die un-

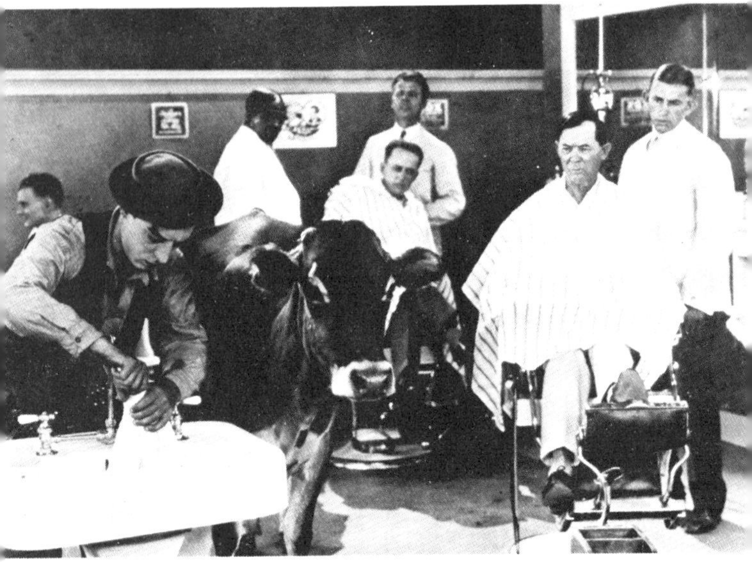

Go West

mittelbar sich aus dem Wirklichkeitsmaterial ergeben (und zahllos im Werk Keatons sind) machen nur das breite Mittelfeld seines Schock-Therapeutikums aus. Daneben andere: etwa jene, die SHERLOCK JR. – so vollkommen, luzide und virtuos wie kaum ein anderer Film – entfaltet: Romantische Ironie wie in Tiecks *Gestiefeltem Kater;* Film als Traum, Traum als Film; aus dem Traum in den Film zu steigen; über Montagen stolpern, Orte und Zeiten schneller wechselnd als ihre Wahrnehmung, durch Tricks verschwindend und in ihnen aufgehend und aus ihnen gerettet auferstehen: das Feuerwerk der Tricks und Gags, das Keaton hier mit seinem Buster als Filmvorführer abbrennt (wobei sich Buster in die Rollen hineinträumt, die er sonst nur abspult), ist nicht nur reinstes Slapstick-Vergnügen, sondern auch (für den Zuschauer) produktive Erfahrung, die aus dem Umgang mit dem Medium als Produktionsmittel von Phantasmen, Utopien, Wirklichkeitsaufhebungen sich ergeben. Ein weiteres Schockfeld: wo es sich wie ein ins Wasser geworfener Stein ausbreitet. Es sind Groß- oder Nahaufnahmen, Buster im Mittelpunkt, die sich plötzlich, durch eine Kamerabewegung, zur Totale weiten und den Blick freigeben auf eine ganz andere

Umgebung, womit der erste Eindruck nicht selten umgekehrt wird: aus der Idylle wird ein Katastrophenbild, Käferperspektive und Vogelschau, das Detail und die Totalität. Wie in *Hitchcocks* Filmen das unscheinbare Detail zum Boten des Schrekkens werden kann, so hier die Öffnung des Blicks zur Totale jener in sich geschlossenen Welt der Groß- oder Nahaufnahmen. Aber der Paravant zwischen Hitchcocks Angst-Momenten (denen meist eine gewisse sardonische Komik nicht fehlt) und Keatons Komik, die in Angstzustände hinüberwechselt, ist an anderen Stellen noch dünner, transparenter: wenn Buster, in OUR HOSPITALITY, unwissend sich in das Haus begibt, wo ihn wie nirgends sonst Angst und Tod bedrohen; wenn er, gerade um zu überleben, immer wieder in das Zentrum der Bedrohung zurückkehren muß, weil ihn dort die Gastfreundschaft schützt. So begeben sich Hitchcocks Helden auf Partys, Konzerte, Auktionen – also statt sich zu verstecken, ins hellste Licht der Öffentlichkeit, um dem Mörder sein Handwerk unmöglich zu machen. Und selbst Hitchcocks berühmtes Schreckenscrescendo aus THE BIRDS (*Die Vögel*), als sich hinter der ahnungslosen Tippi Hedren die Vögel von Schnitt zu Schnitt zum Angriff sammeln und summieren, hat in Keatons SEVEN CHANCES sein Vorbild: wenn Buster, auf der vordersten Bank der Kirche eingeschlafen, nicht bemerkt, wie die Bräute nach und nach einfallen, bis sie den ganzen Kirchenraum erfüllen. Welcher Schock, als er erwacht, welche Zeitsprünge, Angstschübe …

Erfahrung der Welt wäre für ihn, wie für uns, Kontinuität, Tradition, Geschichte. Er macht aber ununterbrochen mit Diskontinuität, mit traditionslosen Umkehrungen Bekanntschaft. Diese Erfahrungssprengsätze (statt Darwins Entwicklungslehre die Katastrophentheorie von Laplace) zersplittern zugleich Zeit insgesamt. Daher das Tempo seiner Filme, wenn sie in Fahrt gekommen sind.

Erfahrungen, wie er sie macht, kann er nur gewinnen um den Preis ihres Verlustes. Denn jede, die er besitzt, ist wertlos im Vergleich zu jenen, die er noch nicht gemacht hat. Zur Ruhe könnte er wirklich nur kommen, wenn er die ganze Erfahrungswelt durchschritten hätte. Die geheime Sehnsucht Buster Keatons ist eine vollkommen erkannte Welt. Erst in ihr wäre Buster zu Hause. Dennoch kommt er zur Ruhe am Ende, steuert er die Idylle an, bleibt er nicht draußen wie Charlie.

College

5. Praxis oder die Chance zu überwintern

Wenn auch die meisten Erfahrungen für ihn zuerst negativ ausgehen, ist Buster doch ein waschechter Positivist. Er sucht Fakten, das, »was der Fall ist«, sollten es auch Fallen sein. Er kommt heraus. Busters Blick fällt auf die Welt, in ihr erkennt er Bewegungen; dann Kausalitäten, zuletzt Analogien. Er schreitet fort, indem er seine Erkenntnisse mimetisch, als Imitation von Verhaltensweisen anwendet. Der Versuch, wie ein Cowboy zu gehen, ist der erste Schritt, einer zu werden in GO WEST. Dabei korrigiert ihn, wie das Kind, dessen Welterfahrung er in vielen Zügen nachvollzieht, die Wirklichkeit selbst.

THE NAVIGATOR zeigt zwei Entwicklungsstufen Busters gleichzeitig. Als Taucher wird er sich wehren müssen. Womit wehrt sich ein Mann, der sich der Gefahr aussetzt? Mit einer Pistole. Buster nimmt eine Pistole mit unter Wasser. Nach getaner Arbeit säubert man sich die Hände. Buster, unter Wasser, hat sich zwar die Hände in seinen Handschuhen nicht schmutzig ge-

College

macht. Dennoch fischt er aus dem Wasser: – Wasser in einen Eimer. Darin wäscht er sich, alles unter Wasser, seine Hände (in Handschuhen); dann schüttet er das Wasser wieder aus ins Wasser. Die leere Geste der falsch gewordenen Analogie. Während der Arbeiten unter Wasser fehlt ihm eine Zange. Da beißt ihn ein Hummer ins Bein. Buster nimmt ihn und benutzt seine Schere als Zange. Ein Schwertfisch greift ihn an. Buster fängt ihn und benutzt ihn als Schwert gegen einen anderen Schwertfisch. Hier hat nun das analogisierende Denken zur Praxis gefunden, zu der es immer auf dem Weg war.

Praxis ist das Zauberwort, in dessen Licht die Gestalt Busters bis zur Überhelle steht. Es ist die Praxis der kleinsten Schritte, des Testens und dann des Zugriffs. Es ist die Praxis des Handwerks, des Handwerkers. Wie hoch er sie schätzt, beweist eine kleine Szene aus THE GENERAL. Dort hat Buster eine Weiche verbogen, damit ihm die Nordstaatler auf ihrem Zug nicht folgen können. Allerhand Offiziere stehen herum, Soldaten versuchen die Weiche zu reparieren. Es gelingt ihnen nicht. Da kommt ein Eisenbahner dazu, mit einem Hammerschlag am

rechten Ort hat er es geschafft: Staunen der Nichtfachleute.
Auch die Maschinen, die Buster konstruiert – und es sind beachtlich viele in seinen Filmen –, sind Maschinen aus dem Geiste eines Handwerker. Zum Beispiel die Brotschneide-Büchsenöffner-etc.-Maschine (in THE NAVIGATOR) kombiniert Handwerkszeuge zu einem mechanisch verbundenen Gebilde. Diese Maschinen sind nicht »aus einem Guß«, qualitativ vor der technischen Revolution: sie alle tragen den Stempel eines Denkens, das die Partialtätigkeiten bestehen läßt, sie nur zu einer Gleichzeitigkeit bringt.
Darin trifft sich Busters Erfindungsreichtum mit dem des Dilettanten. Der dilettierende Buster erfindet sich Maschinen, als gäbe es keine. Seine sind die Parodien der wirklichen. Was beweist, daß er sich zu helfen weiß: daß seine Weltfremdheit, trotz äußerst eingeschränkter Praxis, in Welterkenntnis umschlagen kann. Dennoch bleibt sie beschränkt auf Details. Busters Geste des Spähers (mit der flachen Hand an der Stirn), welche Überblick, Überschau simuliert, entspricht immer einem Wunsch, nie den Tatsachen. Um so komischer bei einem, der doch nur Bäume sieht, die ihm die Sicht verstellen, nie aber den Wald.

6. ... und Theorie oder die Hebammenkunst

Solange Buster Objekt von Erfahrungen ist, die er an sich macht, sammelt er sie nur; kann zwar mit einzelnen etwas anfangen, kommt aber im Ganzen nicht weiter. Einem, der sich in einer fremden Welt behaupten muß, bleibt keine Zeit zur Kontemplation. Aus der wurde er ja gerade gerissen. In der Welt sein, heißt auf den Beinen bleiben. Darum geht es in der Frühe. Aber später, in den großen Filmen Keatons, um mehr. Buster hat ein Ziel, meistens ist es ein Mädchen, dem er sich, seine Lebenstüchtigkeit beweisen muß (THE NAVIGATOR oder eine Robinsonade). Er muß sein Mädchen retten (COLLEGE), oder Vater, Braut und Schwiegervater in einem Hurrikan (STEAMBOAT BILL JR.), oder er muß sein Leben retten (BATTLING BUTLER). Wenn Buster das Ziel einmal ganz genau vor Augen hat, spitzt sich ihm die Welt zu einem reinen Funktionsablauf zusammen. Alle Hürden, über die er zuvor stolperte, alle Hin-

The Navigator

dernisse, an denen er sich stieß, werden nun von ihm elegant, in rasantem Tempo genommen. Wie eine Rakete saust er ins Ziel. Auf diesen Höhepunkten seiner Filme wird Keatons Philosophie kenntlich: seine Metaphysik des Willens. Nur sie ist es, die teleologisch alle Energie auf ein Ziel richtet. Not macht erfinderisch, wen das Leben fordert, der besteht es auch, dem Tüchtigen gehört die Welt: das ist der geheime Optimismus in Keatons Filmen. (Offen tritt er in den Filmen seines amerikanischen Zeitgenossen *Douglas Fairbanks* hervor: da liegt eine nächste Verwandtschaft; denn mit der artistischen Konkurrenz dieses ewig lächelnden Sonny Boys nimmt es der Akrobat Keaton ohne ein Lächeln allemal auf.) Gewiß tendiert das zur Ideologie, zu einer speziell amerikanischen: daß nämlich jeder eine Chance hat, und wenn es darauf ankommt, boxt er sich durch nach oben. Um so mehr noch, als Keaton peinlich Wert darauf legt, seinen Buster immer erst als den total Scheiternden zu zei-

gen. Dann aber, wenn sein zerstreuter Wille ein Ziel gefunden hat, wenn sich Buster »zusammenreißt« – wie es jeder kann, der wie Buster ist und nun wie er etwas erreichen will –, wird die Wirklichkeit zu einem schöpferischen Hindernis, womit, der sokratischen Hebammenkunst gleich, aus jedem die Fülle der ihm innewohnenden Möglichkeiten entbunden wird.
Nirgends hat Keaton diesen Hymnus auf die transzendierende Macht der physischen Energie – als aktives Träumen voraus – offener dargestellt als in COLLEGE. Solange Buster, der schmalbrüstige Intellektuelle, den Sport nur treibt, um mit den anderen zu wetteifern, scheitert er. Der Impuls ist zu schwach. Sport als abstraktes, zweckloses Wettkampfspiel verfällt Keatons utilitaristischer Kritik. Sobald Buster aber seine Geliebte in Gefahr weiß, überwindet er spielend alle Hindernisse, Hürden in einem fabelhaften Wettlauf mit der Zeit. Hier, wo er am bewußtesten, zielbewußtesten ist, reagiert er am träumerischsten. Die Grazie seiner Bewegungen ist unübertrefflich. Es ist die Sicherheit, die das Leben nur schenkt, wenn man es kraft eines starken Willens hinter sich, unter sich gelassen hat. Gewiß kommt Buster auch hier am stärksten zu seiner Identität, weil es seine Identität mit dem Akrobaten, dem Selbstdresseur Keaton ist. Was hier über die Schwere triumphiert, der Erde und des Lebens, ist der geglückte Augenblick. Zeit und Bewegung sind so sehr eines, daß sie aufgehoben scheinen in Zeitlosigkeit und Ruhe. In diesem Zustand, in diesen wenigen Momenten, ist Buster auf dem Weg und zugleich am Ziel.

Interviews

Von John Gillet, James Blue und Christopher Bishop

Das Beeindruckendste an Ihren Filmen aus den Zwanziger Jahren ist neben ihrer Komik ihr spezifischer Aufnahmestil. Man weiß sofort, daß man einen Keaton-Film vor sich hat. Wie haben Sie das mit all' den verschiedenen Co-Regisseuren geschafft? Wer tat im einzelnen was?

Erstens war ich praktisch in allen Stummfilmen mein eigener Regisseur. Bei einigen Filmen hatte ich einen Co-Regisseur dabei, aber die meisten machte ich allein. Außerdem habe ich alle selber geschnitten: alle meine Filme.

Was genau hatte der Co-Regisseur zu tun?

Mit mir Regie zu führen, sonst nichts. Er war draußen mit mir, guckte durch die Kamera, und ich fragte ihn nach seinem Urteil. Vielleicht sagte er: »Die Szene wirkt ein bißchen langsam«; dann wiederholte ich sie und drehte etwas auf. Wenn ich alleine arbeitete, galt grundsätzlich, daß Kameramann, Requisiteur und Beleuchter als meine Augen da draußen fungierten. Ich fragte sie: »Ging das so, wie ich es wollte?« und sie sagten ja oder nein. Sie wußten wovon sie sprachen.

Haben Sie die einzelnen Motive immer selber ausgesucht?

Immer, wenn es für die Szene, an der ich gerade arbeitete, wichtig war. Immer wenn es eine nebensächliche Szene war – jemand kommt hereingerannt und sagt: »Sie müssen das und das tun«, – dann war der Hintergrund nicht so wichtig. Dann sagte ich dem Kameramann nur, daß zwei Personen, von Kopf bis Fuß, in der Szene vorkämen und bat ihn, ein passendes Motiv zu suchen. Wollte er beispielsweise das Sonnenlicht aufnehmen und sagte: »Ich finde das schräg durch die Bäume einfallende Licht gut. Da drüben stehen gerade ein paar Wolken, wenn wir uns beeilen, können wir sie aufnehmen, bevor sie weg sind.« Dann sagte ich: »gut«, und wir drehten die Szene vor dem Motiv des Kameramanns. Wir haben uns immer bemüht, einen möglichst wirkungsvollen Hintergrund zu finden, ganz egal, was wir drehten.

Wie entwickelten sich die Vorstellungen zur filmischen Umsetzung Ihrer Einfälle? Beispielsweise in OUR HOSPITALITY, *in dem ein wunderbares Gefühl für die dargestellte Zeit deutlich wird?*

Wir haben sehr viel Sorgfalt auf unsere Stories verwandt. Wir lernten schnell, daß wir einen Spielfilm nicht so drehen konnten wie einen Zweiakter; natürlich waren die Gags aus den Cartoons nicht mehr brauchbar. Stattdessen mußten wir den Zuschauern eine logische Geschichte erzählen, die sie auch akzeptierten. So wurde der Aufbau der Story eines unserer wesentlichen Probleme.

Our Hospitality

In OUR HOSPITALITY wollten wir ursprünglich eine altmodische Fehde in den Südstaaten darstellen. Wir kamen aber davon ab und wählten schließlich den Zeitraum, der achtzig Jahre zurücklag. »Gut, also achtzig Jahre zurück«, sagen wir. »Wenn ich in den Süden reise, dann in einem überdachten Eisenbahnabteil oder worin? Laßt uns mal in den Dokumenten aus der Zeit nachforschen, wann die Eisenbahn erfunden wurde.« Nun, wir finden heraus, daß es in England die Stephenson Rocket und in den USA die De Witt Clinton gab. Wir haben uns für die Rocket-Lokomotive entschieden, weil sie komischer aussieht. Die Waggons bestanden aus Postkutschenabteilen, die auf Eisenbahnräder gesetzt waren. Also bauten wir den Zug nach und legten uns so auf einen bestimmten Zeitraum fest: 1825 war genau das Jahr, in dem die Eisenbahn erfunden wurde. Dann ziehen wir die Leute nach der damaligen Mode an, das war schön, denn wir mochten die Kostüme. Wir kamen weg von den kurzen Hosen George Washingtons zum malerischen Kostüm à la Johnny Walker.

Einer der besten Gags in dem Film ist der, bei dem Sie an einem Seil vom Ufer herüberschwingen und das Mädchen in dem Augenblick auffangen, in dem sie in der Mitte des Wasserfalls herabstürzt. Wie haben Sie diese raffinierte Trickaufnahme gemacht?

Wir mußten den Wasserfall bauen, um den Trick auszuführen.

Wir errichteten die Kulisse über einem Schwimmbassin: Vier Wasserrohre mit einem Durchmesser von acht Inches (ein Inch mißt 2,54 Zentimeter, Anm. d. Ü.) wurden an große Motorpumpen angeschlossen, die das Wasser aus dem Bassin hochpumpten. So entstand unser Wasserfall; das Wasser war ungefähr sechs Inches tief. Ich bin ein paar Mal unterhalb des Wasserfalls herübergeschwungen und kopfüber ins Wasser gefallen, als ich sie auffangen wollte. Sie haben mir dann das Wasser aus Ohren und Naslöchern gepumpt und mich abgetrocknet. Wenn sich einem eine volle Ladung Wasser über den Kopf ergießt und man kopfüber hängt, dann kriegt man ganz schön was ab.

Wie lange dauerte es, bis die Szene gedreht war? Wie oft haben Sie sie wiederholt?

Ich glaube, beim dritten Anlauf klappte es. Die ersten beiden Versuche gingen schief, aber dann schaffte ich es ... Man hält es nicht für möglich, daß das 1923 gedreht worden ist; das klingt nach grauer Vorzeit.

Aber es wirkt immer noch. Vor drei Wochen habe ich in Paris

The Three Ages

THE THREE AGES *gesehen, der ist auch 42 Jahre alt, die Zuschauer bogen sich in den Sitzen. Vermutlich wollten Sie damit einen Film wie* Intolerance *Parodieren?*

Ich dachte an *Intolerance,* als ich ihn drehte. Ich habe die drei verschiedenen Geschichten ebenso erzählt wie Griffith. Natürlich habe ich mir dabei ein paar Freiheiten herausgenommen. Eigentlich war es mehr eine Travestie als eine Burleske. Deshalb benutzte ich eine Sonnenuhr als Armbanduhr. Um die Geschichte mit dem Helm zu verstehen, muß man wissen, daß Ford damals ein Alarmgerät baute, das die Leute am Autodiebstahl hindern sollte: es war ein Apparat mit einer großen Metallspitze, der am Hinterrad festgemacht wurde und genauso aussah wie mein römischer Helm. Also setzte ich meinen römischen Helm ab und befestigte ihn an meinem Streitwagen. Die Zuschauer dachten damals sofort an die Alarmanlage von Ford.

Das führt uns zu der Frage, wie Sie auf Ihre Gags gekommen sind. Brachte Sie die Szenerie, die Kulisse darauf ...?

Ja, Requisiten, Personen und alles. Zuerst muß man nach simplen Dingen gucken, die schief gehen können. Das führt dann zu den größeren Dingen. Es kann uns übrigens nichts Schlimmeres passieren als ein schlecht angebrachter Gag. Jemand schlägt einen guten oder sogar ausgezeichneten Gag vor. Wenn er nicht in die Geschichte paßt, an der ich gerade arbeite, und ich trotzdem versuche, ihn unterzubringen, dann wirkt er gequält. Es ist viel besser, ihn für eine Geschichte aufzusparen, in die er hineinpaßt.

Sie beginnen einen Film oft verhältnismäßig langsam und die Bewegung der Kamera nimmt dann zu mit dem Aufbau der Handlung.

Absichtlich. Das mache ich immer. Zunächst bringe ich die einfachsten Dinge von der Welt an. Für einen Filmanfang suche ich nie große Gags. Auf der ersten Rolle möchte ich keine haben. Wenn ich dann nämlich schon eine lange Lachsequenz bekomme, habe ich später Schwierigkeiten. Ich habe die Vorstellung lange aufgegeben, daß in jeder Szene ein großer Gag drin sein und ich einen Lacher bekommen müßte. Man wird dann angestrengt komisch. Das ist nicht mehr natürlich.

Bei den Kurzfilmen war das natürlich anders, da mußten Sie die ganze Zeit über komisch sein. PLAYHOUSE, *der Film über das Theater, in dem Sie fast alle Rollen spielen, ist voll gepackt mit Witzen. Fanden Sie es leichter, sich die einzelnen Gags für die Kurzfilme auszudenken oder mochten Sie lieber eine Geschichte entwickeln?*

Wir haben nichts übereilt. Als wir zu haben glaubten, was wir brauchten, ließen wir die Kulissen anfertigen. Aber ich habe einen großen Fehler in PLAYHOUSE gemacht. Ich hätte ohne Schwierigkeiten den Zweiakter alleine bestreiten können. Aber das wagten wir nicht. Es hätte so aussehen können, als wollten wir demonstrieren, wie vielseitig ich bin; daß ich ohne irgendjemand anderes einen halbstündigen Film alleine machen konnte. Also setzten wir in der zweiten Hälfte auch andere Personen ein. Das war ein Fehler.

Seven Chances

Als Sie anfingen, Spielfilme zu machen, war die Handlung nicht mehr einfach die Basis für die Gags, beides wurde eng miteinander verbunden. Haben Sie konsequent nach Gags gesucht, die die Handlung voranbrachten?

Nehmen Sie ein Beispiel aus dem Film, den ich wieder aufführen lassen will: THE SEVEN CHANCES. Ich laufe vor einem Haufen Frauen weg, die hinter mir her sind. Ein Freund von mir hat in der Zeitung annonciert, ich wäre bereit, jede X-Beliebige zu heiraten, wenn das nur bis fünf Uhr geschehen könnte – das hat mit einer Erbschaft oder so etwas zu tun. Also tauchen plötzlich alle Frauen dieser Welt auf, um geheiratet zu werden. Sie jagen mich aus der Kirche usw. Ich laufe über die Dünen zum Pazifik hinunter, draußen vor Los Angeles. Beim Herunterlaufen löse ich zufällig einen größeren Stein. Ich hatte für diese Szene nur eine Kamera vorbereitet, die mit mir schwenkte, wenn ich am Horizont auftauche und dann ins Tal hinuntergejagt werde. Aber dieser Stein löste sich, der noch zwei andere mit sich riß, also jagten sie mich den Hügel hinunter.
Das war alles: lediglich drei Steine. Aber die Zuschauer in der Probeaufführung reckten die Hälse, sie erwarteten mehr. Also fingen wir noch einmal von vorn an: Wir gaben 1500 Steine

in Auftrag, vom Umfang einer Kegelkugel bis zum Felsbrocken mit acht Fuß Durchmesser (ein Fuß etwa 30 Zentimeter, Anm. d. Ü.). Dann fuhren wir zur Ridge Route in den High Sierras zu einem steilen Abhang mit 45 Grad Gefälle. Ein Dutzend Lastwagenfahrer brachte die Steine nach oben und baute sie dort auf. Dann ging ich hinauf und kam mitsamt den Felsbrocken und Steinen wieder herunter. Der Gag hatte mich auf die Idee zu dieser abschließenden Jagd gebracht, er ergab sich ganz zufällig.

Großartig an dieser Jagd ist, daß sie größtenteils aus der Entfernung aufgenommen ist. Man sieht eine winzige Figur inmitten all der Steine und Brocken. Anstelle von Nahaufnahmen haben Sie offenbar lieber Aufnahmen aus größerer Entfernung gemacht.

Wenn ich einen Gag habe, der sich entwickelt, mag ich nicht gern gleich dicht herangehen mit der Kamera. Ich versuche alles Mögliche, um die Entfernung beizubehalten und die Handlung voranzutreiben. Wenn ich einen Schnitt mache, kommt dann auch nicht gleich eine Nahaufnahme: Ich gehe nur, sagen wir, so dicht heran, daß die Personen ganz im Bild sind, nicht näher. Nahaufnahmen stören auf der Leinwand. Durch so einen Schnitt kann das Gelächter des Publikums abrupt abbrechen.
Wenn ich Ihnen beispielsweise die Hotelhalle, in der wir hier sitzen, zeigen wollte, würde ich weit zurückgehen und Ihnen im ersten Bild die Totale zeigen und dann allmählich näher kommen. Für mich ist die Hauptsache, daß der Zuschauer die Atmosphäre mitbekommt, damit er weiß, an was für einem Ort gedreht wird und wo ich mich befinde. Später muß ich dann nie mehr soweit zurückgehen wie für die Totale. Es sei denn, es passiert etwas, wobei Entfernungen in großer Geschwindigkeit zurückgelegt werden.

Steamboat Bill jr.

Können Sie uns etwas erzählen über STEAMBOAT BILL JR. *mit dem Wirbelsturm am Schluß. Man hat den Eindruck, die Kulisse wird systematisch eingerissen. Er gehört zweifellos zu den Filmen, die Sie am sorgfältigsten geplant und aufgenommen haben.*
Die Originalstory spielte auf dem Mississippi, aber wir drehten

in Kalifornien, rund sechshundert Meilen nördlich von Los Angeles auf dem Sacramento River. Wir fuhren dorthin, bauten die Straßenfront, genau drei Häuserblocks, die Piers usf. auf. Die Flußboote fanden wir in Sacramento: Eines war brandneu; das andere polierten wir so auf, daß es ebenso aussah. In Wirklichkeit drohte es jeden Augenblick auseinanderzufallen. Ursprünglich wollte ich eine Flut inszenieren. Aber mein sogenannter Produzent war bei diesem Film Joe Schenck, der damals Norma Talmadge, Constance Talmadge und mich betreute und später Präsident der United Artists wurde. Bei der 20th Century Fox war Joe Schenck, und sein Bruder Nicholas Schenck stand dann an der Spitze von Metro-Goldwyn-Mayer. Schenck sollte mein Produzent sein, aber er wußte nie genau, was ich gerade drehte. Er ließ mich einfach an der langen Leine.
Nun, der PR-Mann von STEAMBOAT BILL geht zu Schenck und sagt: Er könne keine Flut machen, weil jedes Jahr eine Flut käme und dabei zu viele Menschen umkämen. Das sei zu tragisch, um damit Gelächter provozieren zu können. Also sagt Schenck mir: »Du kannst keine Flut bekommen.« Ich sagte: »Das ist komisch, mir ist, als hätte Chaplin während des Ersten Weltkrieges einen Film gemacht, *Shoulder Arms,* der zum größten Kassenerfolg der damaligen Zeit wurde. Eine größere Katastrophe kann man sich nicht vorstellen, und Chaplin machte trotzdem einen großen Lachfilm daraus.« Schenck antwortete: »Oh, das ist etwas anderes.« Ich weiß nicht, wo der Unterschied lag. Ich fragte, ob ich einen Wirbelsturm machen dürfte, er stimmt zu. Offenbar wußte er nicht, daß in den USA viermal so viele Menschen durch Hurricans und Zyklone umkommen wie durch Hochwasserkatastrophen. Solange er das nicht herausfand, war alles in Ordnung. Ich machte mich mit meinem Techniker an die Arbeit und drehte meinen Wirbelsturm.

Wie wurde das technisch gemacht? Diese phantastische Szene zum Beispiel mit der einstürzenden Hauswand, bei der Sie am Schluß, als die Wand heruntergekommen ist, in einer Fensteröffnung stehen. Was gab es bei den Aufnahmen zu dieser Szene für Schwierigkeiten?

Ich ließ zunächst den Rahmen des Gebäudes bauen und prüfte, ob alles solide gearbeitet war. Das Gebäude hatte ein hohes,

V-förmiges Dach, so daß wir die Fenster ungewöhnlich hoch anbringen konnten. Wir verbreiterten unsere Fenster gegenüber dem durchschnittlichen Maß um sechs auf 18 Fuß. Dann legten wir den Rahmen der Hauswand auf den Boden und bauten die Fenster um mich herum. Der Rahmen war so bemessen, daß ich rechts und links von der Schulter zwei Inch Spielraum hatte. Soviel Raum wurde auch überm Kopf und unten an den Füßen dazugegeben. Mit zwei Nägeln markieren wir die Stelle im Boden, wo meine Hacken stehen mußten. Dann wird das Haus aufgerichtet und fertig gebaut. Sie malen die Front an und fügen die kaputte Mauerecke ein, an der sich die Hauswand vom Hauptgebäude losreißt. Dann machen wir uns daran, das Innere so auszustatten, wie es für ein Haus paßt, dessen Frontseite abgerissen ist. Später stellen wir unsere Windmaschinen mit den riesigen Liberty-Motoren auf. Wir hatten sechs Stück, sie sind ziemlich stark: Sie konnten einen Wagen von der Erde in die Luft heben. Dann mußten wir sicherstellen, daß der Windeffekt im Vorder- und Hintergrund gleichmäßig stark war. Nachdem die Wand zu fallen angefangen hatte, durfte sie kein Luftzug mehr von vorn treffen. Sie wäre dann nicht dorthin gefallen, wo wir sie haben wollten und ich stand schließlich genau davor. Wir schafften es mit einer Aufnahme. Solche Sachen dreht man nicht zweimal.

The General

Gewöhnlich gingen Sie von einer Geschichte aus, zu der Sie dann die Gags suchten. Womit haben Sie einen Film wie THE GENERAL *begonnen?*

Ich hielt mich an den Bericht im Geschichtsbuch. Disney hat das Thema vor ungefähr neun Jahren noch einmal mit Fess Parker verfilmt, er nannte den Film historisch korrekt *The Great Locomotive Chase*. Aber er machte einen Fehler, er erzählte die Geschichte aus der Sicht eines Nordstaatlers. Man kann aus Nordstaatlern immer Schurken machen, aber nicht aus Südstaatlern. Das war ein Fehler.

In THE GENERAL hielt ich mich also bis in alle Einzelheiten an den historischen Bericht. Ich habe alles so nachgespielt, wie es tatsächlich passiert ist. Die Agenten der Unions wollten in

The General

Kentucky, das neutral war, den Zug besteigen. Sie wollten vorgeben, für die Sache der Südstaaten in den Kampf zu ziehen. Das diente ihnen als Ausrede, um überhaupt in einen Zug zu kommen, der zu einem Militärcamp fuhr. Der Anführer nahm sieben Mann mit, darunter einen Lokführer und einen Telegrafisten. Falls etwas schief ging, sollten sie nicht zusammenbleiben, aber jeder die Geschichte mit Kentucky und dem Eintreten für die Südstaaten erzählen. Bei der ersten passenden Gelegenheit wollten sie dann desertieren und über die Linien nach Norden zurückkehren. Sobald sie die Lokomotive in ihre Hände gebracht hatten, wollten sie losfahren, um Telegrafenleitungen zu zerreißen, Brücken zu verbrennen und die Geleise zu sprengen, und der Südarmee so die Zufuhrwege blockieren. Ich habe die Geschichte dann ergänzt und meine Lok zurückgestohlen. Mein Film endet mit einem Sieg der Südstaaten, was mir ganz recht war.

Wie entwickelte sich die Handlung, einmal abgesehen von den geschichtlichen Tatsachen – die Verwicklung mit dem Mädchen usf.?

Nun, wenn ich eine Lokomotive habe und damit spielen kann, habe ich natürlich keine Schwierigkeiten, die Leute zum Lachen zu bringen. Aber im Original endet die Jagd mit der Lokomotive in den Nordstaaten, und ich muß desertieren. Von diesem Punkt an habe ich frei erfunden, um zu einer kompletten Handlung zu kommen. Das hatte nichts mehr mit dem Civil War zu tun.

Was viele von uns an Ihren Filmen besonders mögen, ist die Art, wie Frauen dargestellt werden. Die armen Frauen wie Marian Mack im GENERAL *sind allen nur erdenklichen Demütigungen ausgesetzt, dennoch kämpfen sie weiter. Sie werden herumgeschoben und -gestoßen, aber sie halten immer zu Ihnen. Hat das den Frauen etwas ausgemacht?*

Nein, nein. Das hat ihnen überhaupt nichts ausgemacht. Oh Gott, das Mädchen im GENERAL hatte mehr Spaß in diesem Film als in allen andern, die sie in ihrem Leben gedreht hat. (Bei diesen Worten geht ein breites, kluges Lächeln über Keatons Gesicht, das bis dahin starr wie immer gewesen war.) Ich vermute, das liegt daran, weil so viele Hauptdarstellerinnen in der damaligen Zeit stets so aussahen, als kämen sie gerade aus dem Schönheitssalon. Sie mußten immer so aussehen – auch in einem Eisenbahnabteil blieben sie wunderschön. »Zum Teufel damit«, sagten wir uns, »unsere werden ein bißchen schmutzig gemacht und rauher Behandlung ausgesetzt.«

Es gibt da eine Szene von nahezu ergreifender Schönheit, sie sitzen beide auf der Pleuelstange und der Zug setzt sich in Bewegung. Nicht am Ende, in der Mitte des Films.

Ich saß allein auf der Pleuelstange, als der Zug losfuhr, wir hatten Angst, sie drauf zu setzen.

Können Sie sich erinnern, wie Sie auf den Gag gekommen sind, aus der Situation des Films?

Nun, die Situation im Film ist die, daß sie zu mir sagt: »Sprich nicht mehr mit mir, bevor Du nicht eine Uniform trägst.« Damit ist alles aus. Mir bleibt nichts übrig, als mich auf die Lokomotive zu setzen und nachzudenken. Ich weiß ja nicht, warum ich nicht rekrutiert werde, man hat es mir nicht gesagt. Der Grund ist, daß kein Lokführer von seinem Posten abgezogen werden soll. Mein Heizer will also die Lokomotive in den Schuppen fahren, er weiß aber nicht, daß ich auf der Pleuelstange sitze, und fährt los.

Ich habe die Lok während des ganzen Films selber gefahren: Ich konnte die Maschine auf den Zentimeter genau zum Halten bringen, so gut hatte ich sie im Griff. Aber als wir zu dieser Szene kamen, fragte ich doch den Lokomotivführer, ob das zu machen sei. Er sagte: »Es gibt nur ein Risiko dabei. Ein bißchen zu viel Dampf bei diesen altmodischen Loks, und die Räder drehen durch. Wenn das passiert, bringen wir Sie auf der Stelle um.«

Wir haben dann vier-, fünfmal probiert, bis der Lokführer sich sicher fühlte. Dann wurde gedreht. Ich will mit der Szene kein lautes Gelächter provozieren: Obwohl es kein großer Gag ist, ist er doch witzig und gut genug, um mir einen hübschen Lacher einzubringen.

Er ist auch schön: es steckt da noch eine andere Qualität als Komik drin, etwas Bewegendes. Da liegt der Unterschied zwischen Ihren und Chaplins Filmen. Chaplin geht manchmal mit dem Ziel an eine Sequenz heran, jedes nur mögliche Gefühl herauszuholen. Sie wirken nur selten absichtlich rührend. Aber in GO WEST *steckt doch ein bißchen bewußtes Pathos. Glaubten Sie, hier mehr davon zu benötigen als in andern Filmen?*

Ich wollte alles erdenklich Mögliche versuchen, um die Kuh vor dem Schlachthof zu bewahren: Nur das hatte ich im Kopf. Ich habe eine Enttäuschung erlebt mit diesem Film. Eine der berühmtesten *Western Shows,* die es je in den USA gab, hieß *The Heart of Maryland.* Da spielen die zwei Burschen Karten, einer beschimpft den anderen, der zieht darauf seinen Colt, legt ihn so auf den Tisch, das er auf den Bauch des andern zeigt und sagt: »Wenn Du mich so beschimpfst, lächle wenigstens dabei ...« Nun, da meine gefrorenen Gesichtszüge bekannt sind, dachten wir, das Publikum würde sagen: »Oh, mein Gott, er kann nicht lachen; er ist verloren; er ist tot«. Aber die Zuschauer fanden das nicht so lustig: Sie hatten einfach nur Mitleid mit

Go West

mir. Wir merkten das erst bei der Probeaufführung. Das riß ein Loch in meine Szene, aber ich kam noch irgendwie heraus. Ab und zu passiert einem Mal so ein Mißgriff.

Sie suchen extra einen Gag, um aus einer Situation herauszukommen: den mit dem Stabhochsprung zum Beispiel in THE THREE AGES. *Da mußten Sie das Mädchen aus Wallace Beerys Händen retten. Wie kamen Sie auf die Idee mit dem Stabhochsprung?*

Ich konnte nicht einfach über einen Haufen Felsbrocken laufen oder sonst etwas machen, um an sie heranzukommen: Ich mußte etwas Überraschendes finden. Das schien mir der Stabhochsprung zu sein.

Sherlock Junior

Sie verwenden oft Gags, die nur in Filmen möglich sind. Zum Beispiel die Szene in SHERLOCK JUNIOR, *in der Sie sich selber in den Film hineinträumen, und die Szenerie ständig wechselt. Wie kamen Sie darauf?*

Das war der Anstoß für mich, den Film zu machen: Nur diese Situation, daß ein Filmvorführer im Kino einschläft und träumt, wie er sich unter die Personen auf der Leinwand mischt. Nun, es war meine Aufgabe, die Gestalten auf der Leinwand in Menschen aus meiner (des Vorführers) privaten Umgebung zu verwandeln. Das ist die Geschichte. Als der Film fertig war, verbrachten Hollywoods Kameraleute die Nächte damit, herauszufinden, wie wir einige der Szenen gemacht hatten.

Wie drehten Sie die Szene, in der Sie in der Nähe eines Baumes stehen und sich dann plötzlich auf einem Felsen mitten im Ozean befinden? War das eine Art von Rückprojektion (back projection)?

Nein, das war damals noch nicht erfunden. Wir nennen es ›processing‹, aber Rückprojektion ist richtig. Wir haben Meßinstrumente für diese Sequenz benutzt. Wenn ich auf dem Felsen stehe, bin ich im Begriff, ins Meer zu springen, aber während des Sprungs verwandelt sich die See in etwas anderes. Ich stand einen Augenblick still, während ich hinuntergucke. An dieser Stelle beendeten wir die Szene. Wir holten Meßbänder, stellten eine Meßlatte vor der Kamera auf und dann wurde aus zwei Winkeln gemessen. Damit war sicher gestellt, daß ich in genau der gleichen Entfernung zur Kamera stand. Dann wurde die Höhe exakt ausgemessen. Als die Szenerie ausgewechselt war und ich auf meinen Platz zurückkehrte, befand ich mich haargenau an der selben Stelle wie bei der ersten Aufnahme. Der Kameramann kurbelt dann los und ich springe. Dabei stoße ich noch an irgendetwas, ich weiß nicht mehr woran. Das wurde also alles durch Szenenumbau erreicht. Aber ich blieb auf der Leinwand immer der Gleiche*.

* Dieses leicht gekürzte Interview führten John Gillet und James Blue 1965 mit Keaton in Venedig. (Siehe auch Bibliografie)

The Saphead

Wie ich hörte, drehten Sie 1920 den Spielfilm THE SAPHEAD.

Ja, das stimmt. Das war bevor ich einen meiner eignen Zweiakter drehte. Loew's Incorporated kaufte das Metro-Studio mitsamt Wechsel, und eine der ersten Broadway-Shows, die sie kauften, um einen Film daraus zu machen, war *The Henrietta.* Douglas Fairbanks spielte die Hauptrolle.

Das war sein erster Film, nicht wahr?

Er übernahm die Rolle, aber er erzählte nicht die Geschichte von »Henrietta«. Er spielte den »Berty«. Ich machte diesen besonderen Film für Metro. Das war eine ganze Weile bevor daraus Metro-Goldwyn-Mayer wurde. Als ich meine Zweiakter filmte, ließ ich von Metro aufführen. Zwei Jahre lang drehte ich Kurzfilme, dann fing ich mit Spielfilmen an, 1922 mit THREE AGES. Wally Beery spielte den Schurken. Ich erzählte eine einfache Geschichte, die in der Steinzeit spielte; das gleiche wird zu Zeiten der Römer und in der Moderne wiederholt. Jede Sequenz des Manuskripts wurde wiederholt, eine nach der andern – indem immer das gleiche nur auf drei verschiedene Weisen getan wurde.

The Saphead

Welchen von den zweiaktigen Kurzfilmen mochten Sie am liebsten?

Den Film HARD LUCK. Das war der größte Lacherfolg, den ich je mit einem Zweiakter hatte, aber ich habe noch zwei andere Lieblinge. Einer war THE BOAT. Da habe ich eine Frau und zwei kleine Jungen, ich baue im Keller meines Hauses einen Familiensegler. Ich muß die Hauswand rausschlagen, um das Boot rauszubekommen, und als ich es zu Wasser lasse, sinkt es.

Welchen Spielfilm mögen Sie am liebsten?

Ich habe zwei Favoriten: THE NAVIGATOR und THE GENERAL.

Wie finden Sie SHERLOCK JR. *heute?*

Ich mag SHERLOCK. Das war ein guter Film für mich, der trickreichste, den ich je gemacht habe, weil es so viele Kameratricks und -täuschungen gab. Wir haben schrecklich viel Zeit damit verbracht, die Szenen fertig zu bekommen.

Wie haben Sie bloß die Szene auf dem Motorrad gedreht? Ist das ein Kameratrick, oder waren Sie tatsächlich –

Nein, da ist kein Kameratrick dabei.

Es gibt da eine Einstellung, in der man das Motorrad aus einer bestimmten Entfernung sieht und erkennt, daß es nirgendwo festgemacht ist. Wie haben Sie das gelernt?

Ich fing einfach an zu üben, ein Motorrad auf der Lenkstange sitzend zu steuern. Es war nicht leicht, die Balance zu halten. Ich habe ein paar nette Stürze mit dem Ding gedreht.

Wie entstand das Drehbuch für solche Filme?

Nun, wollen wir mal zu »unserer Art« Film zurückgehen. Wenn ich sage, »unsere Art«, dann sind drei Leute zu nennen, die die damals machten: Chaplin, Harold Lloyd und ich. Bis ich mein eigenes Studio verließ und zum MGM ging – wo das anders gehandhabt wurde – hatten wir nie ein Drehbuch.

Sie hatten nie irgendeine Art von Drehbuch?

Nein, nie. Wir haben nie damit gearbeitet. Wir fingen einfach an, über eine Geschichte zu reden und breiteten alles Material, was uns dazu einfiel, aus, und dann wurde alles zusammengepackt – jeder, der zu unserer Gesellschaft gehörte, wußte ohnehin, was wir drehen wollten. Wir hatten keinen Arbeitsplan.

Wie lange brauchten Sie Mitte der Zwanzigerjahre, um einen Spielfilm zu drehen?

Im Durchschnitt kamen wir auf acht Wochen Drehzeit.

Wieviel kostete ein Spielfilm?

Unsere Filme kosten ungefähr zwanzig bis dreißig Prozent mehr als die durchschnittlichen Filme.

Wieviel wäre das denn 1925 gewesen?

Oh, ich brauchte \$ 210000 bis \$ 220000 für einen Film. Lloyd verbrauchte zur selben Zeit mehr – er kam vermutlich an die \$ 300000 heran. Für Chaplin kann man nichts angeben – er war imstande, mitten im Film aufzuhören und nach Europa zu reisen, wieder anzufangen und wieder faul zu werden, so daß er nur alle zwei Jahre einen Film herausbrachte. Ich wußte nie, wie hoch seine Kosten waren.

...

Da wir schon von Chaplin und Lloyd und Ihren andern Zeitgenossen sprechen, würden Sie uns Ihre Meinung über Ihre Arbeit als Mit-Komiker sagen und uns erzählen, welchen von den andern Schauspielern Sie am liebsten hatten.

Nun, meine Favoriten – ich denke Chaplin, natürlich, war die Nummer eins. Aber ich mochte auch Harry Langdon sehr, und ich mochte einen alten, der Lloyd Hamilton hieß. Ich mochte W. C. Fields. Das waren meine Lieblinge, und dann kam wahrscheinlich Lloyd.

Lloyd machte doch die meisten Filme, nicht wahr?

Ja. Er brachte eine beachtliche Anzahl heraus. Er machte das gleiche wie ich, er machte einen Film im Frühjahr, einen im Herbst, also zwei pro Jahr.

Woher haben Sie das akrobatische Können, das Sie in einem Film wie SHERLOCK zeigen?

Nun, ich war eben ein Junge, der hinter der Bühne aufwuchs. Der macht alles nach während seiner Kindheit. Wenn in dieser Woche ein Seiltänzer da ist, dann versucht er auf dem Seil zu laufen, wenn niemand zuguckt. Wenn ein Jongleur da ist, versucht er zu jonglieren, er versucht sich als Akrobat – es gibt nichts, was er nicht ausprobiert. Er übt sich als Bauchredner, als jonglierender Narr, als Zauberer (wie) Harry Houdini. Ich habe versucht, aus Handschellen und Zwangsjacken herauszukommen.

Gucken Sie sich Ihre frühen Filme an? Haben Sie kürzlich einen gesehen?

Ab und zu sehe ich mal einen. Jemand anders bekommt die Kopien; ich habe keine einzige mehr.

Was bedeutete es für Sie, daß der Ton aufkam?

Das störte mich überhaupt nicht.

Sie glaubten, daß Sie genauso gut mit Ton arbeiten konnten?

Ja, natürlich. Das einzige, was wir bei der Vorbereitung unseres Materials berücksichtigten, war, daß wir nach Handlungsgags, statt Dialoggags suchten. Da hatte ich immer mit dem Stab zu kämpfen. Da waren alle diese Autoren, die über nichts anderes nachdenken konnten als über Wortspäße und -spiele. Ich habe versucht, sie auszuschalten.

Wie fanden Sie die Komiker, die mit dem Ton groß geworden sind? Haben Sie irgendwelche Favoriten unter Schauspielern wie den Marx Brothers, Fields und Red Skelton.

Skelton mag ich sehr gern. Lou Costello mag ich sehr gern.

Mochten Sie die Filme von den Marx Brothers?

Einige, wenn sie nicht zu albern waren.

Nun, da sind eine ganze Menge gute Wortgags drin und manchmal –

Das ist Groucho.

Die Gags entwickeln sich nicht wie in den Stummfilmen und wie natürlich in Ihren Filmen – da ist ein Gag und man denkt immer er ist nun zu Ende, aber dann wird etwas anderes daraus.

Oh ja, wir haben mit Absicht versucht, das Ganze in Gang zu halten.

Haben Sie irgendeine Aufführung von Jacques Tati, dem französischen Pantomimen, gesehen?

Ich habe sehr wenig gesehen, nur was es im Fernsehen gab.

Was halten Sie von ihm?

Nun er ist – ich weiß nicht, wie Sie ihn nennen würden. Er ist darauf aus, kunstvoll zu wirken.

Ja, natürlich; ich erwähne ihn, weil er der einzige ist, der in letzter Zeit einen ausdrücklichen Versuch gemacht hat, Komödie völlig ohne Dialoge zu machen. – Ich wüßte gern, wie Sie darüber denken, eine Komödie mit Ton zu machen – ob Musik und Toneffekte nachträglich daruntergelegt würden.

Ich hätte keine Lust, so etwas heute zu machen. Ich würde es genauso anfangen wie damals, als das Fernsehen populärer wurde und ich halbstündige Filme machte. Ich sagte, wir werden folgendermaßen vorgehen: Wir fangen an und sprechen – packen den ganzen Dialog in die ersten 15 Minuten – aber in den zweiten 15 Minuten suchen wir absichtlich solche Drehorte auf, an denen einfach kein Dialog nötig ist. Mit andern Worten, wir gehen nicht davon ab, sie zu vermeiden. Es ist eben eine natürliche Angelegenheit, daß zwei Leute, die etwas bauen – da gibt es keinen Grund zu reden, es wird einfach weiter gebaut. Nach dieser Art von Stoffen habe ich gesucht.

Wenn Sie heute einen Spielfilm machen würden, was für einer wäre es?

Ich würde zu meinem alten Stil zurückkehren – zu der Art, wie ich früher Filme gemacht habe. Allerdings habe ich keine Absicht, so etwas zu tun. Ich glaube einfach nicht, daß es sich noch lohnt. Wenn man heute einen Fernsehfilm macht, handelt man sich nur Ärger ein. Sie können ihr Geld nicht wieder reinbekommen. Sie müssen etwas drehen wie *In achtzig Tagen um die Welt* oder *Der König und ich*, man muß irgendein Mammutding drehen, um sein Geld zurückzubekommen. Ich bin gespannt, wann Fernsehen und Film sich zusammentun und ein System entwickelt wird, denn so wie jetzt kann es nicht weitergehen. Ich sehe nur eine Lösung. Das Fernsehen sollte bezahlt werden und die Kosten müßten so niedrig gehalten werden, daß auch der ärmste Mann sich einen Fernsehapparat leisten könnte; man könnte die Unterhaltung schon billig machen. Filme würden dann wieder so gedreht werden, wie das vor dem Fernsehen schon geschehen ist – Ich meine, niemand würde im Traum daran denken, anderthalb Millionen für einen Fernsehfilm auszugeben.

Was für eine Zukunft hat die Filmkomödie – wie glauben Sie wird die wirklich gute Filmkomödie der Zukunft aussehen?

Da wird sich nichts ändern. Alles scheint sich in Kreisen zu bewegen, wie es immer der Fall war. Ein Bursche wie Jerry Lewis taucht auf und kriegt alle seine Lacher dafür, daß er schnell spricht, kreischt, Grimassen zieht und so weiter – und er ist für eine Weile der Kassenschlager. Später, wenn unser Rücken krumm ist, kommt ein Typ wie W.C. Fields daher – ein Komiker – und er ist absolute Spitze. Man findet neun andere, die wie er arbeiten. Dann kommt jemand anderes, um den man sich die nächsten fünf sechs Jahre reißt. Alle werden versuchen, wie er zu arbeiten.

Hatten Sie auch Nachahmer?

Oh ja.

Welches war Ihr populärster Film?

Mein größter Kassenerfolg war THE NAVIGATOR, dann kam THE GENERAL!

Wie war das mit SHERLOCK JR?

OUR HOSPITALITY, BATTLING BUTLER, COLLEGE und STEAMBOAT BILL brachten mehr ein. Später bei MGM übertraf ihn THE CAMERAMAN und SPITE MARRIAGE. Er war gut, er brachte Geld ein, aber er war eigentlich keiner von den ganz großen. Kann sein, daß das Publikum damals nicht so sehr auf die Tricks achtete, die im Film drin waren.

Gab es einen besonderen Film, vielleicht unter den Kurzfilmen, der Ihrer Meinung nach am meisten zu Ihrem Ruhm beigetragen hat?

Vielleicht der erste Kurzfilm, den ich drehte: ONE WEEK.

Was hat Sie dazu bewogen, Spielfilme statt weiter Kurzfilme zu machen?

Nun, die Tatsache, daß die Kinobesitzer einen Spielfilm und einen Kurzfilm kauften; einen Kurzfilm von mir, Lloyd oder von Chaplin kündigten sie gewöhnlich über dem Spielfilm an, den sie mitgekauft hatten, und der war natürlich immer nur zweitklassig. William S. Hart, Mary Pickford oder Douglas Fairbanks waren nie mit auf der Eintrittskarte zu unseren Filmen drauf. Mit uns zusammen wurden immer nur zweit- und drittklassige Schauspieler gezeigt. Wenn zum Beispiel das erstklassige Kino hier in Los Angeles $ 500 pro Woche für unseren Kurzfilm zahlen mußte, bezahlte es wahrscheinlich für den Spielfilm auch nicht mehr.

War das also im wesentlichen eine finanzielle Entscheidung?

Solange sie mit unserem Namen Reklame machten jedenfalls – wir waren das Zugpferd. Wir konnten also genauso gut in den Spielfilm vordringen und statt $ 500 $1500 für einen Film nehmen. Das macht einen Unterschied.

Gibt es irgendjemandem, von dem Sie in jungen Jahren am meisten gelernt haben – vielleicht von Ihrem Vater?

Arbuckle. Für die Bühne war es mein Vater.

Er war selber ein Akrobat?

Nicht gerade ein Akrobat, nur ein – er war ein sehr komischer Mann.

Er hat in einigen Ihrer Filme mitgespielt?

Ja, ich habe ihn eingesetzt. Er spielte den Vater des Mädchens in SHERLOCK JR.

Und später, sagen Sie, haben Sie am meisten von Arbuckle gelernt?

Filmtechnik lernte ich von Arbuckle. Aber nicht aus der Sicht des Zuschauers – ich lernte es für mich selber und von meinem Vater. Als ich 21 Jahre alt war, war ich bereits ein alter Hase.

Hat Ihr Vater Sie dazu überredet, niemals zu lachen?

Nein. Das hat niemand gemacht. Ich habe nur einfach so gearbeitet, weil ich mit Publikum groß geworden bin und schon als Kind merkte, daß ich genau diesen Typ Komiker spielen mußte – wenn ich über meine Späße lachte, blieb das Publikum stumm.

Also hörten Sie auf zu lachen?

Natürlich. Je ernster ich wurde, desto mehr Lacher bekam ich. Als ich zum Film ging, geschah das schon automatisch, ich wußte nicht einmal mehr, was ich tat.

Haben Sie je auf der Leinwand gelacht?

Einmal, um jemandem zu beweisen, daß die Zuschauer das nicht mögen würden – sie mochten es nicht. Als ich in den Filmmagazinen und Kritiken den Ruf bekam, niemals meine Miene zu verziehen, gingen wir in den Vorführraum. Wir spielten unsere ersten Filme, um festzustellen, ob ich lachte – mir war das nicht bewußt, ich war mir nicht im klaren darüber. Ich hatte nicht gelacht, also war alles in Ordnung.

Als Sie mit Arbuckle in den Kurzfilmen zusammenarbeiteten, spielten Sie da schon denselben Typ, den Sie später in den Spielfilmen verkörperten?

Ich habe genauso gearbeitet. Ich blieb immer derselbe.

Hat das amerikanische oder das europäische Publikum Ihre Filme mehr geschätzt?

Ich habe in Europa ein größeres Geschäft gemacht als in Amerika. Ich war ein Kassenschlager in dem verrücktesten Land der Welt.

Welches war das?

Rußland. Ich war ein größerer Hit in Rußland als Chaplin. Und das war das einzige Land, aus dem wir kein Geld herausbekommen konnten.

Soll das heißen, daß Sie nie Geld aus Rußland bekommen haben?

Nein, das nicht. Die Grenze lag bei $ 5000. Das bekamen Doug Fairbanks, Mary Pickford, Chaplin – jeder – $ 5000 war das meiste, was man bekommen konnte. Sie liehen einen Film in Berlin aus, um ihn eine Woche in Moskau zu zeigen. Während sie ihn dort hatten, machten sie soviele Kopien davon, wie sie wollten, und verschickten sie im ganzen Land. $ 5000 bezahlten sie für die eine Woche.

Was brachte Ihnen ein durchschnittlicher Stummfilm etwa ein?

Zwischen anderthalb und zwei Millionen.

Verfolgten Sie in den Zwanzigerjahren Ihre Kritiken besonders aufmerksam? Haben Sie ihnen viel Aufmerksamkeit geschenkt?

Nein. Ich habe seit dem Babyalter Hausmitteilungen gelesen und war daran gewöhnt. Der eine Kritiker mag Sie, der andere nicht, punktum. Ich hatte ein paar gute Freunde. Einer der besten Kritiker, den ich hatte, war Bob Sherwood, Redakteur von »Life«. Er war immer auf meiner Seite. Für ihn konnte ich nichts falsch machen. Die Mehrzahl glaubte, ich würde mich gut herausmachen. Der größte Fehler, den ich in meiner Karriere machte, war, mein eigenes Studio aufzugeben und zu MGM zu gehen. Chaplin warnte mich, Lloyd auch – aber Joe Schenck redete mir zu, bis ich einwilligte. Sie haben sich auch Mühe gegeben, so war es ja gar nicht. Aber diese Art Film konnte man mit den kleinen unabhängigen Gesellschaften besser erarbeiten. Es gibt ein altes Sprichwort, das das Ganze erklärt: zu viele Köche. Als sie mich an der langen Leine ließen bei MGM, stellten sie mir die gesamte Drehbuchabteilung zur Verfügung – dreihundert Leute sind das ungefähr gewesen –; der ganze Stab dachte sich Gags für mich aus, das waren einfach zu viele – einfach zu viel Hilfe. Ich vermute, es ist albern, so etwas zu sagen, aber es ist wahr, man kann die eigne Rolle nicht mehr richtig beurteilen, wenn so viele mitreden.

Bei den Spielfilmen, die Sie selbständig machten, führten Sie da Co-Regie –

Ja. Und die Mehrzahl drehte ich alleine.

Wenn Sie Co-Regie führten, hieß das, daß Sie die Szenen bearbeiteten, in denen Sie nicht selber auftraten? Oder –

Die, in denen ich auftrat.

Im NAVIGATOR *führt Donald Crisp die Co-Regie?*

Ja, das ist richtig

Wie wurde in einem solchen Film die Regie-Verantwortung aufgeteilt?

Als wir zum erstenmal die Story von THE NAVIGATOR planten, waren einige der dramatischen Szenen zu Beginn nicht als Komödie gedreht, ich hatte etliche Volksmassen eingeplant, wie die auf der Kannibaleninsel und Ähnliches – man bekommt einen guten Regisseur, der sich um diese Sequenzen des Films kümmert. Wir machten uns keine Gedanken über den komischen Teil des Films, darum wollten wir uns kümmern. Das taten wir. Der einzige Fehler, der uns unterlief, das war Donald Crisp – er war durch und durch ein D. W. Griffith-Schüler, ein fantastischer dramatischer Regisseur – er hatte gerade einen der besten Filme des Jahres bei Paramount gedreht *The Goose Women.* Aber als er zu uns kam, fing er an, Gags zu erfinden. Er interessierte sich nicht für die dramatischen Szenen, nur für die komischen, in denen ich mitmachte. Nun, das war nicht, was wir wollten. Aber wir brachten den Film einigermaßen über die Runden.

Ab wann haben Sie Ihre Filme selber geschnitten?

Als ich anfing, eigene Filme zu drehen. Schneiden hatte ich bei Arbuckle gelernt.

Er hat auch selber geschnitten?

Ja.

Einige Ihrer Filme haben mehr melodramatische Szenen als, sagen wir, Chaplins Filme – Sie geraten in sehr gefährliche Situationen und dann kommen Sie da wieder heraus. War das etwas, worauf Sie bewußt abzielten?

Das beste Vorgehen für unsere Art Film war, mit einer normalen Situation zu beginnen, mit vielleicht kleinen Schwierigkeiten – geradeso viel, daß ein bißchen Gelächter uns nicht störte – während wir unsere Personen einführten und sie in Bedrängnis geraten ließen und wieder daraus befreiten. Wenn wir dann zur vierten oder fünften Rolle kamen, pflegte wirklich etwas Schwerwiegendes zu passieren und dann kamen die ersten Lacher. Dann mußte man da wieder rauskommen, dabei erhielten wir das meiste Gelächter – mit der letzten Rolle. Das war immer das beste Schema für diese Art Film.

Wie haben Sie die Filmrollen entwickelt, die Sie gewöhnlich spielten?

Das war nicht leicht. Als wir beispielsweise THE NAVIGATOR planten, wollten wir am Ende zwei Menschen auf einem verlassenen Ozeandampfer im Meer treiben lassen – es gibt kein Licht, kein Wasser, niemanden, der sie bedient. Gut. Dann geht man zum Anfang zurück, um die Personen einzuführen. Wäre ich ein Arbeiter oder ein armer Kerl, wäre es für mich keine Strapaze, auf diesem Schiff. Aber wenn ich am Anfang mit einem Rolls Royce, mit einem Chauffeur, Lakaien und ein paar Köchen auftauche – und das Mädchen auch –, dann weiß das Publikum, daß wir reiche Leute sind, die nie einen Finger krümmen mußten. Dann werden diese beiden auf ein treibendes Schiff gesetzt und sind natürlich völlig hilflos. Das gleiche passiert in DOUGHBOYS bei meinem Eintritt in die Armee. Wir fangen im Dienstraum mit einem reichen Kerl an, der gut angezogen usw. ist. Wenn mir dann die Uniform angepaßt wird, ist sie viel zu groß – alles ist groß, was ich in der Armee bekomme – ich passe da nicht hin. Ich muß in den Baracken leben, in der Messe essen, das ist hart für mich. Wäre ich anfangs ein Habenichts (»bum«) gewesen, hätte ich mich da verbessert.

Nun, dann wird die Rolle entsprechend den einzelnen Situationen geplant.

Das unterscheidet sich sehr von Chaplins Rollen.

Ja, er fängt als Niete (»bum«) an und bleibt es auch. Er spielt immer so einen.

Er war immer eine Niete und Harold Lloyd der Junge vom Land.

Der in die große Stadt ging, um Erfolge zu haben.

Es gibt in allen Ihren Rollen durchgängige Eigenschaften, zum Beispiel eine gewisse Hilflosigkeit gegenüber Maschinen.

Ich zeige grundsätzlich zwei verschiedene Arten von Komik. Wenn man Harold Lloyd von der Farm wegholte und in die Ford Motorenwerke in Detroit steckte, pflegte er verstört zu sein und nichts anzufassen, bis er von einem der Vormänner dazu gezwungen wurde. Was mich betrifft, ich wäre genauso ängstlich, aber für mich wäre es selbstverständlich, daß ich eigentlich meine Arbeit verstehen müßte. Also fange ich sofort an, herumzuprobieren. Natürlich mache ich alles kaputt – das würde mir also passieren, weil ich nicht weiß, wie es funktioniert und es trotzdem probiere.

Könnten Sie von Ihren Erfahrungen bei den Trickaufnahmen erzählen? Einmal haben Sie sich das Genick angebrochen, hörte ich?

Sie haben einen Bruch gefunden – Jahre später – ich wußte nichts davon. Ich drehte eine Szene in SHERLOCK. Ich rannte auf dem Dach eines Güterzuges entlang und griff nach dem Seil des Wasserspeichers, um auf den andern Wagen zukommen. Natürlich hängt mein volles Gewicht an dem Seil und ich reiße den Verschluß heraus und werde mit dem Wasser übergossen. Nun, wenn Sie sich auf dem Dach eines Güterwagens befinden, stehen Sie ungefähr zwölf Fuß hoch und das Wasserrohr mißt zehn Inch. Ich wußte nicht, wie stark der Wasserdruck sein würde. Nun, es riß meinen Griff los, als ob ich keinen hätte und stieß mich zu Boden, in dem Augenblick, in dem es mich traf. Ich landete auf dem Rücken, mit dem Kopf auf den Schienen – die Schiene genau unter meinem Nacken. Es war ein ziemlich harter Fall, das Wasser riß mich runter. Ich bin ziemlich sicher, daß es dabei passiert ist.

Alle Komiker machten damals ihre Trickaufnahmen selber, nicht wahr?

Ja.

Haben Sie jemals ein Double benutzt?

Nur für besondere Dinge – wie zum Beispiel für einen Stabhochsprung in ein Fenster im zweiten Stock. Das kommt in COLLEGE vor. Ich holte mir dafür Lee Barnes vom USC, er war olympischer Meister. Wenn es sich um Stabhochsprünge in Fenster handelt, muß man schon jemanden nehmen, der weiß, wie das geht. Aber, wissen Sie, der Polyp, der vom Motorrad fällt, das bin ich.

Ach, das waren Sie auch – und Ihr Assistent?

Nun, ich habe ihn gedoubelt, weil er nicht vom Motorrad fallen konnte. Ich nahm meinen Assistenten Ernie Rossetti, zog ihm meine Uniform an und setzte ihn nach vorn aufs Lenkrad, und ich zog Gilletts Sachen an, setzte mich auf den Rücksitz und fiel herunter. Ich doubelte ihn. In STEAMBOAT BILL ist auch einiges los – es ist ziemlich hart, vor den Windmaschinen zu arbeiten. Wir hatten sechs von diesen riesigen Liberty Motoren. Eine von ihnen leerte während einer einzigen Einstellung einmal eine ganze Ladung Kartons in der Größe von Schuhkartons von einem Lastwagen über mich aus, so mächtig war der Wind. Einen Wagen blies eine Maschine mal die Böschung hinunter in den Sacramento River. So stark waren diese Windmaschinen.*

* Dieses unwesentlich gekürzte Gespräch Christopher Bishops erschien im »Film Quaterly« Herbst 1958. (Übersetzungen beider Interviews: Yvonne Mabille)

Kommentierte Filmografie

Von Walter Schobert

I Die Zeit mit Arbuckle. (1917–1919)

Buster Keaton brachte viel mit, als er 1917 zum Film ging: 21 Jahre Bühnenerfahrung. In dieser Zeit hatte er sich zu einem perfekten, durchtrainierten Athleten entwickelt, der vor keiner Anstrengung während der rauhen Dreharbeiten der Slapstick-Komödien zurückzuschrecken brauchte. Er war so geschickt, daß er in gefährlichen Szenen auch seine Mitspieler doubeln konnte. In den langen Jahren der Varieté-Arbeit mit seinem Vater hatte er sich einen präzisen Sinn für den Aufbau eines Gags, einer Szene angeeignet. Er konnte die Reaktionen des Publikums auf seine Komik genau berechnen und wußte: das Publikum liebte seinen »Dead-Pan-Ausdruck«, wobei der in unerhörtem Tempo bewegte Körper und das unbewegte Gesicht notwendig aufeinander bezogen waren.

Diese *Vaudeville*-Kenntnisse konnte Keaton einbringen. Von *Roscoe »Fatty« Arbuckle,* dem bekannten Komiker und Regisseur, konnte er filmisches Handwerk lernen. Denn Arbuckle war ein hervorragender Lehrmeister, ein Veteran des Films wie der 21jährige Keaton ein Profi des Vaudeville. Keaton hat immer mit Hochachtung von diesem dicken Mann mit dem unschuldigen Kindergesicht, den zu kurzen Hosen, den Stiefeln und den Ringelsocken gesprochen. Er wußte, was er ihm zu verdanken hatte. Keaton gehörte auch zu den wenigen, die Arbuckle, als er in einen Sexskandal verwickelt war, die Treue hielten.

Arbuckles Filme waren primitiv, ihre Komik ruppig; er liebte es, sein Körpergewicht voll einzusetzen. Von einem Einfluß Keatons auf diese Filme ist wenig festzustellen. Erst in jenen, die sie nach 1919, nach Keatons Rückkehr aus dem Armeedienst, noch zusammen gedreht haben, macht er sich bemerkbar. BACKSTAGE und GARAGE sind Vorwegnahmen von PLAYHOUSE und BLACKSMITH, freilich roher und unbehauener als die späteren Filme. Die übrigen folgen alle dem Schema, das Arbuckle seit 1911 verwendet hatte: ohne Rücksicht auf eine logi-

sche Geschichte drehte man an realen Schauplätzen, deren komische Möglichkeiten voll ausgenutzt wurden. In THE BUTCHER BOY ist das ein Laden, in dem Buster in eine Auseinandersetzung zwischen Fatty und Al St. John verwickelt wird. Sein Auftritt – er will Sirup holen – wird als eine reine Vaudeville-Szene ohne Unterbrechung durchgespielt.
Im Rückblick scheinen die Arbuckle-Filme, in denen Buster Keaton mitspielte, für seine Entwicklung nicht mehr zu bedeuten, als daß er in dieser Zeit – und ohne daß man es den Filmen anmerken könnte – die Erfahrungen machen konnte, die ihm den Schritt vom Schauspieler in New York zum eigenständigen Filmemacher in Hollywood ermöglichten. Er nützte diese Zeit, stand nicht nur vor der Kamera, sondern sah den Kameraleuten bei ihrer Arbeit zu, ging in den Schneideraum. Er lernte beim Film sein Handwerk von der Pike auf, lernte, auf den Gebrauch der technischen und ästhetischen Möglichkeiten zu achten, auf die Fotografie und die Montage, die er besser beherrschte als jeder andere Filmkomiker seiner Zeit. Am Ende der drei Jahre mit Arbuckle war er bereit, sich selbständig zu machen.

The Saphead. 1920

Bertie ist der Sohn von Nicholas van Alstyne, des Königs der Wallstreet. Leider ist er zu nichts zu gebrauchen. Sein Vater ist also gegen eine Hochzeit sehr skeptisch. Woher soll er auch wissen, daß Bertie sich inzwischen an der Börse betätigt und gerade durch seine Ignoranz ein Manöver durchkreuzt, mit dem Berties Rivale den Vater ruinieren wollte.

Mit THE SAPHEAD erfüllte Keaton einen Vertrag mit Marcus Loew, der eine große Kinokette besaß und gerade die Produktions- und Verleihfirma Metro samt allen ihren Stars gekauft hatte und Keatons Filme in den Verleih nahm, ehe sie noch produziert worden waren. Loew hatte die Vorlage gekauft, eine erfolgreiche Broadway-Komödie. Mit ihrem Titel *The New Henrietta* ist eine Silbermine gemeint, die innerhalb der Handlung als Erbschaft eine Rolle spielt und deren Aktien im Zentrum der Börsenmanöver stehen, die Berties Rivale anzettelt. Auf der Bühne hatte Douglas Fairbanks den Part des Bertie gespielt. Er war aber als Mitgründer und -gesellschafter von United Artists an seine Firma gebunden und empfahl Keaton.

The Saphead

THE SAPHEAD hat sich nicht von der Schwerfälligkeit des Salonstückes befreien können. Was ihn im Kontext der Keaton-Filme dennoch wichtig macht, ist die Figur Berties, des unselbständigen, verwöhnten Millionärssohnes, den Buster später in THE NAVIGATOR und in BATTLING BUTLER spielt. Keaton, zum erstenmal in einem langen Film (der übrigens verschollen war und erst kürzlich wiederaufgefunden wurde), zum erstenmal als Star ohne Konkurrenz, gibt dem Film durch seine Darstellung und besonders durch die turbulenten Börsenszenen, die wesentlich von ihm beeinflußt sein dürften, wenigstens einige Glanzlichter.

II Die Zwei-Akter

The High Sign. 1920

Buster wird Angestellter in einer Schießhalle. Durch einen raffinierten Trick gelingt es ihm, sich als Meisterschütze auszugeben. Sowohl der Schießhallen-Chef, der Boß einer Gangsterbande ist, als auch deren vorgesehenes Opfer heuern ihn an. Hin und her gerissen, entscheidet er sich für den Leibwächterjob. Denn das Opfer hat eine schöne Tochter.

THE HIGH SIGN ist der erste Film, den Keaton in eigener Verantwortung drehte, in seinen »Keaton-Studios«, deren Vorbesitzer Chaplin war. Zu seiner Company gehörten Eddie Cline, sein Co-Regisseur, das Team der Gagleute Clyde Bruckman, Joseph A. Mitchell und Jean Havez, mit denen er bis 1925 (mit einzelnen von ihnen sogar noch länger) zusammenarbeitete. Produktionsleiter war Lou Anger, Chefkameramann Elgin Lessley. Später kam noch Fred Gabourie dazu, als Mann für Spezialeffekte, der gleichzeitig für die Sicherheit der Darsteller verantwortlich war.

THE HIGH SIGN war eigentlich ein Zwischenspiel, um die Zeit vor der Produktion von THE SAPHEAD nicht ungenutzt zu lassen. Keaton mochte den Film später nicht mehr. Das ist unverständlich, denn er enthält eine lustige Jagd, die durch das ganze Haus des Opfers führt, wobei die eine Hauswand entfernt wurde, sodaß man Einblick in mehrere Zimmer und Stockwerke gleichzeitig hatte. Hinzu kommen ein paar hinreißende Gags, z.B. der mit der Zeitung, die Buster immer weiter auseinanderfaltet, bis sie größer ist als ein Bettuch. Und es gibt die geniale Erfindung des Trefferanzeigers in der Schießbude. Buster, der gar nicht schießen kann, konstruiert einen Hebel, leitet von ihm eine Schnur durch das Fenster. An der Schnur hängt ein Knochen. Tritt Buster nun auf den Hebel, wird der Knochen in die Höhe gezogen. Um ihn zu schnappen, springt ein Hund, den Buster auch an eine Klingel gebunden hat, in die Luft; dadurch wird ein Klingelsignal ausgelöst, das anzeigt, daß Buster, der nun aus immer komplizierteren Stellungen schießt, mit jedem Schuß trifft. Der Trefferanzeiger ist die erste von Keatons genialen Maschinen, die verzwickt in der Konstruktion und vertrackt in der Wirkung sind. Vielleicht hat Keaton der Film deshalb nicht gefallen, weil Buster darin eine Zeitung klaut, was sich in keinem Film später wiederholt (und auch nicht zu Buster paßt). Denn der »ist ein Arbeiter, aber immer ehrlich« (Keaton).

One Week. 1920

Zur Hochzeit hat Buster ein Fertighaus geschenkt bekommen, eines zum Selberbauen. Sein neidischer Rivale vertauscht die Nummern der Kisten, in denen sich die Einzelteile befinden.

Zur Einweihungsparty kann Buster nur ein höchst seltsames Gebilde präsentieren, zumal ein Sturm noch das Seine tut. Das Maß ist voll, als sich herausstellt, daß auch der Bauplatz falsch war.

ONE WEEK ist eine Parodie auf den Roman *Three Weeks* von Elinor Glyn. Der Film kann als erste Arbeit gelten, die erkennbar die Handschrift Keatons trägt. Die Handlung ist nicht mehr nur beliebiger Aufhänger für wahllos gesammelte, unbeschwerte Gags. Sie wird durch das Aufblättern des Kalenders streng strukturiert. Die Konsequenz, mit der Unheil unausweichlich sich häuft, besitzt den Charakter einer Tragödie. Am Sonntag heiratet Buster, am Montag baut er das Mißgebilde, am Dienstag hat er mit dem Klavier zu kämpfen, am Mittwoch leistet der Teppich Widerstand, am Donnerstag bereiten Bad und Schornstein und am Freitag die lieben Verwandten und ein Hurrikan Ärger. Unaufhaltsam treibt der Film auf die Katastrophe zu, obwohl sich Buster alle Mühe gibt, dagegen anzukämpfen. Ein Happyend hat der pessimistische Film nicht. In dieser alptraumhaften Umkehrung der Do-it-yourself-Philosophie taucht schon die surrealistische Komponente im Werk Keatons auf: das grotesk verbaute, zweckentfremdete Haus, in dem alles auf den Kopf oder quergestellt ist.

Convict 13. 1920

»In der ursprünglichen Form des Films spielt Buster Golf. Ein Ball trifft ihn am Kopf. Er hat einen Alptraum. Er träumt, ein Gefangener zu sein, der mithilfe der hübschen Tochter des Gouverneurs im letzten Augenblick vom Schaffott fliehen kann. Nach dem Erwachen findet er sich auf dem Golfplatz wieder. Ein schönes Mädchen kümmert sich um ihn – die Tochter des Gouverneurs aus dem Traum.«[1]

Eine Kopie dieses Films konnten wir nicht sehen. Er soll nur noch fragmentarisch erhalten sein. Die zitierte Inhaltsangabe zeigt, daß CONVICT 13 mit dem in eine Rahmenhandlung eingebetteten (Alp-)Traum die Erzählmethode einiger späterer Filme, z.B. von SHERLOCK JR., vorwegnimmt.

The Scarecrow. 1920

Zusammen mit einem Stubengenossen hat sich Buster ein Zimmer eingerichtet, das Küche, Eß-, Wohn- und Schlafzimmer in einem ist, also ein ganzes Haus ersetzt und ihnen das Junggesellenleben sehr erleichtert. Leider sind die beiden Rivalen in der Gunst der Nachbarstochter. Buster muß sich nicht nur von seinem Zimmerkollegen, sondern auch vom Schwiegervater in spe und einem Hund jagen lassen.

Verglichen mit ONE WEEK (und wohl auch mit CONVICT 13) ist THE SCARECROW optimistischer und ungleich vordergründiger. Sein Aufbau gleicht den Arbuckle-Filmen. Die Jagd ist zwar sehr vergnüglich, aber doch nicht außergewöhnlich. Das schönste Stück ist die erste Sequenz, in der das Zimmer und seine geniale Einrichtung vorgeführt werden. So etwas wünscht man sich, wenn man am Morgen verschlafen in die kalte Küche muß: einen Plattenspieler, der zum Gasherd wird, eine Eisenbahn zum Brötchenreichen, Salz und Pfeffer an schwingenden Schnüren (ein Fetisch Busters), einen Tisch, der sich zum Wandbild (mit der Aufschrift »Was ist ein Haus ohne Mutter?«) machen läßt, ein Bad, das zum Sofa wird, wobei das Wasser gleich den Ententeich auffrischt, und ein Bett, auf dem man Orgel spielen kann. THE SCARECROW ist der Prototyp jener Filme, in denen Keaton seine Ingenieurslust spielen läßt und die Technik hinauf und hinunter dekliniert: wie sie funktionieren, aber auch alles verwirren kann.

Neighbours. 1920

Buster hat sich in die Nachbarstochter verliebt. Aber nicht nur deren Vater, sondern auch seine eigene Mutter ist gegen das Verhältnis. Den Familienstreit entscheidet ein Richter, der die beiden Liebenden zur Heirat verurteilt, was aber auch nicht problemlos über die Bühne geht.

NEIGHBOURS ist die Geschichte von »Romeo and Julia of the slums«[2], eine Version mit Happyend allerdings. Neben einigen sarkastischen Milieuschilderungen fällt hier zum erstenmal eine bewußte Handhabung der Kamera auf. Die Feindschaft zwischen den beiden Familien ist der Anlaß für eine nicht nur perfekt gespielte, sondern auch perfekt inszenierte Jagd. Sie findet in einem symmetrisch gebauten Bildraum statt. Die Flucht- und Verfolgungsbewegungen der Figuren entsprechen dieser Symmetrie. Das deutet voraus auf die Suche und das Verfehlen der beiden Hauptpersonen in THE NAVIGATOR, wo Keatons Liebe zur Geometrie ihre vollkommenste Form gefunden hat. Während der Hochzeit am Ende des Films durchleidet Buster die Urangst eines Bräutigams: die Hosen zu verlieren.

The Haunted House. 1921

Buster ist Bankangestellter. Er wird unfreiwillig in die Schurkerei eines Prokuristen verwickelt, der Boß einer Geldfälscherbande ist. Buster kommt ihm auf die Spur, wird aber durch einen unglücklichen Umstand – er hat nicht auf seine Arbeit, sondern auf ein Mädchen geschaut und deshalb statt in die Kasse in den Leimtopf gelangt, klebt also am Geld – für den Dieb gehalten. Seine Flucht führt ihn ausgerechnet in die Villa der Bande, in der sich außerdem noch die Mitglieder einer Theatergruppe einfinden. Es kommt zu einem gehäuften Auftritt von Geistern, aber das hindert Buster nicht, die Geschichte unfreiwillig aufzuklären.

THE HAUNTED HOUSE ist überkonstruiert und widersprüchlich: Buster ist zwar nur Kassier, fährt aber in einem Rolls-Royce vor. Der erzählerisch verwirrende Auftritt einer Theatergruppe ist völlig überflüssig. Offensichtlich war eine zweimonatige schöpferische Pause, die Keaton, der sonst in jedem Monat einen Film drehte, vor THE HAUNTED HOUSE einlegte, dem Film nicht besonders zuträglich. Er gehört zu der kleinen Zahl von Keaton-Filmen, in denen die Glaubwürdigkeit der bloßen Anhäufung von Gags geopfert wird. Einige dieser Gags sind dennoch wunderbar, z.B. Busters Umgang mit der vertrackten Rolltreppe.

Hard Luck. 1921

»HARD LUCK, Keatons Lieblingsfilm, ist zunächst eine Erzählung davon, wie Buster den Tod herausfordert. Aber der Tod will nichts von ihm wissen, auch nicht, als Buster sich selbst umbringen will (in einer erstaunlichen Sequenz, die von einem im burlesken Film einzigartigen Stil ist): als er sich auf die Straßenbahnschienen legt, hält der Zug vor ihm, weil er die Endstation übersehen hat; als er sich zu erhängen versucht, ist das Seil zu lang; und als er sich vergiften will, ist nicht Gift in der Flasche, sondern ein hervorragender Whisky, der ihn sogleich mit dem Leben wieder versöhnt. Am Ende einer Serie von zusammenhanglosen Abenteuern begibt sich Buster in eine elegante Villa. Um die Gäste zu verblüffen, springt er aus zwölf Metern Höhe in ein Bassin und bohrt sich in den Boden ein. ›Jahre später‹ erscheint er wieder, begleitet von einer schönen Orientalin und einer Schar von kleinen Chinesen.«[3]

The Goat. 1921

Buster sieht durch ein Gefängnisfenster. Das nützt ein berüchtigter Verbrecher aus, der gerade fotografiert wird: statt des Ganoven kommt Buster auf die Platte und an die Plakatwand. Auch das Hufeisen, das er findet, bringt ihm kein Glück, weil er einen Polizisten damit trifft, als er es über die Schulter wirft. Während alle Leute vor dem vermeintlichen Gangster Buster davonlaufen, rennt der Polizist hinter ihm her. Zu allem Überfluß ist er auch noch der Vater von Busters Angebeteter, die ihn zum Essen eingeladen hat. So geht die Jagd im trauten Heim weiter.

THE GOAT eröffnet eine Serie von fünf Kurzfilmen, von denen jeder eine Kostbarkeit ist. THE GOAT kann sich mit seinen Nachfolgern noch nicht ganz messen, vielleicht weil Keaton auf seinen gewohnten Co-Regisseur Eddie Cline verzichten und mit Mal St. Clair arbeiten mußte. Es gibt manchmal Unterbrechungen im Handlungsfluß, die ihn zwar nicht unlogisch machen, aber stauen und verlangsamen. Zwei Motive, die nie so recht zusammengeführt werden, sind in THE GOAT verknüpft: zum einen die Geschichte von Busters falscher Identität als angeblich gemeingefährlicher Verbrecher und deren öffentliche Folgen; zum anderen sein Kampf mit dem Polizisten. Die Gags ergeben sich zwanglos aus den beiden Handlungsfäden, wobei das Drama des unschuldig und gegen seine Absicht immer tiefer in den Konflikt geratenden Buster am überzeugendsten wirkt.

The Goat

Eine Szene muß man besonders erwähnen, weil sie ein Modell von Keatons Komik in THE GOAT ist: Buster flüchtet sich auf ein Denkmalspferd, das noch nicht eingeweiht ist. Kaum hat er sich versteckt, beginnt die Zeremonie. Buster nimmt schnell die Pose eines Denkmalreiters ein; aber unter seinem Gewicht sackt der frisch geformte Gaul ebenso zusammen wie seine Hoffnung, endlich ein sicheres Versteck gefunden zu haben und noch einmal davon gekommen zu sein.

The Playhouse. 1921

Buster, der Bühnenarbeiter, träumt von einem Theater, in dem alle Schauspieler, alle Musiker, alle Besucher Keatons sind. In die rauhe Wirklichkeit zurückversetzt, sieht er seine Freundin, die von ihrer Zwillingsschwester nur schwer zu unterscheiden ist, in einem Doppelspiegel. Seine Rolle als Affe findet auch nicht den Beifall, den er sich gewünscht hat. Bei der Verfolgung löst er zu allem Überfluß eine Flutwelle auf der Bühne aus.

THE PLAYHOUSE wirkt wie eine wehmütige Erinnerung Keatons an die Jahre, in denen er mit seinen Eltern auf der Vaudeville-Bühne stand und wovon er in BACKSTAGE schon einmal geträumt hatte. Besonders die Eingangssequenz (die leider in vielen Kopien fehlt) fällt auf: alle Personen in diesem Traumtheater sind Keatons, der Mann an der Kasse und der Besucher, jeder von den tanzenden Ministrels, jeder Musiker im Orchestergraben, und auch die Besucherreihen sind besetzt mit Busters. Keaton hat öfters stolz erzählt, wie kompliziert es war, diese Sequenz zu drehen. Es konnte ja immer nur eine Figur aufgenommen werden, wobei der Rest des Objektivs schwarz abgedeckt werden mußte. Der Vorgang mußte achtmal wiederholt werden, achtmal mußte Keatons Kameramann Lessley den Film zurückspulen und neu drehen – und es wurde damals aus der freien Hand gearbeitet, die Kameras hatten noch keinen gleichmäßig laufenden Elektromotor. Die kleinste Schwankung in der Aufnahmegeschwindigkeit hätte die Illu-

The Boat

sion der gleichzeitig auftretenden, multiplizierten Keatons verdorben. Auch Keaton mußte seine Tanzbewegungen genau kontrollieren und exakt wiederholen. Als Hilfsmittel wurden ein Metronom und ein Banjo benutzt. Diese verblüffende Sequenz beweist die Leidenschaft, mit der der Filmemacher Keaton und sein Team die kompliziertesten filmtechnischen Probleme lösten. Sie ist gleichzeitig eine freche Parodie auf die Sucht von Thomas H. Ince, seinen Namen im Vorspann möglichst oft aufzuführen; schon der Vorspann von THE PLAYHOUSE, in dem Busters Name immer wieder als einziger auftaucht, war ein voller Lacherfolg. Außerdem gehört die Sequenz zu den erstaunlichsten Traumdarstellungen im Werk Keatons, zumal sie durch den hübschen Einfall mit dem Zwillingspärchen im Doppelspiegel noch einmal aufgenommen wird: eine brillante Spielerei, die Möglichkeiten des Mediums voll ausschöpfend, wie später ebenso virtuos SHERLOCK JR.

The Boat. 1921

Buster hat sich ein Boot mit dem stolzen Namen »Damfino« gebaut. Er wird mit ihm nicht so recht glücklich werden. Der Transport aus dem Bastelraum im Keller seines Hauses verläuft genauso katastrophal wie der anschließende Stapellauf. Aber »ein gutes Boot läßt sich nicht unterkriegen«, so wenig wie Buster, der samt Frau und Kindern in einer Badewanne dem Strand zutreibt und so immerhin mit dem Leben davonkommt.

Nur noch in ONE WEEK muß der »Held« eine so unaufhörliche Folge von Nacken- und Schicksalsschlägen ertragen wie in THE BOAT. Vom ersten bis zum letzten Meter des Films folgt eine Katastrophe der anderen. Selbst das Happyend – die als Rettungsboot verwendete Badewanne geht unter, weil ein Sohn den Stöpsel gezogen hat; als sie sich auf ihr Ende vorbereiten, merken Buster und seine Familie, daß die Badewanne gestrandet ist – selbst dieses Happyend hat zwiespältigen Charakter: die vier Meerentronnenen stapfen einer ungewissen Zukunft entgegen.

Auf THE BOAT geht der Ruf Keatons zurück, er sei ein Fatalist, weil hier die Aussichtslosigkeit des Kampfes gegen ein zwangshaftes Schicksal sein Thema sei. Dagegen spricht aber der ungeheure Optimismus, mit dem Buster zu Werke geht und sich behauptet. Er läßt sich nicht unterkriegen. Wenn ihm alles mißglückt, dann hat nicht ein blindes Fatum die Schuld, sondern seine eigene Ungeschicklichkeit und Kurzsichtigkeit – man darf eben ein Boot nicht »Damfino« nennen, sonst versteht die Küstenwache den Notruf immer nur als »Damned, if I know«. Bei besserer Überlegung und mehr Anstrengung des Geistes und des Körpers nähme Busters Ausfahrt in die Welt ein anderes, glücklicheres Ende. »Er findet die Welt nicht schlecht, man könnte sie nur an einigen Punkten besser organisieren . . . Er ist der praktische Utopist.«[4]

The Paleface. 1921

Es herrscht Krieg zwischen landraubenden weißen Ölbossen und den Indianern, die zur Rache den ersten Weißen, den sie finden, töten wollen. Natürlich ist das Buster, der als unschuldiger Schmetterlingsfänger mitten ins Lager der Rothäute gerät. Also muß er an den Marterpfahl. Aber er behält die Übersicht. Nach einer Friedenszigarette wird er in den Stamm aufgenommen. Er erwirbt sich um seine Stammesbrüder so viele Verdienste, daß er die Häuptlingstochter zur Frau bekommt.

In der Serie der fünf herausragenden Kurzfilme Keatons von THE GOAT bis COPS steckt Methode. Einem »schwarzen« Film folgt ein unbeschwerter, heiterer. Nach dem alptraumhaften Desaster mit dem »Damfino« ist Busters Abenteuer im Wilden Westen Beweis seiner Intelligenz, seines Glücks und seines Siegs – was nicht heißt, daß das Bleichgesicht nicht genug Bedrohliches erleben würde. THE PALEFACE gehört vielleicht nicht zu den bedeutendsten Filmen Keatons, aber zu seinen schönsten. Zum erstenmal wird der Wille zu einer bewußten visuellen Gestaltung der Erzählung unübersehbar, zum erstenmal bezieht er die Landschaft entscheidend ein. Viele Gags wären schon wegen ihrer artistischen Ausführung erwähnenswert; bewunderswert sind sie jedoch wegen ihrer optischen Gestaltung. Die über Berg und Tal, über schwankende Hängebrücken und steile Abhänge führende Verfolgungsjagd nach Busters Flucht vom Marterpfahl wäre atemberaubend, durch die Wahl ihrer Perspektiven und die erstaunliche Montage gewinnt sie

The Paleface

eine einzigartige ästhetische Qualität. Fortan wird Keatons Gag nicht einfach nur Aktion sein, sondern durch die Bildkompositionen, durch Perspektiven und Einstellungen erst voll entfaltet. Für Keatons zunehmende Selbstsicherheit spricht auch, daß der Witz in vielen Gags nicht knallig und derb, sondern verschmitzt und verhalten ist. Musterbeispiele dafür sind die beiden herrlichen und lang ausgespielten Szenen, in denen der am Marterpfahl stehende Buster seinen Schabernack mit den verduzten Indianern treibt, den Pfahl herauszieht und mit ihm wandert, sodaß der Scheiterhaufen immer wieder an einer anderen Stelle aufgeschichtet werden muß. Und später widersteht Buster in seinem Asbest-Anzug zwar dem Feuer, muß aber doch ein bißchen hüpfen, weil es ihm unter den Fußsohlen zu warm wird.

Cops

Cops. 1922

Buster muß schnell ein erfolgreicher Mann werden, sonst will ihn die Bürgermeisterstochter nicht heiraten. Zufällig bekommt er Kapital in die Hand. Aber schon seine erste Transaktion mißlingt; woher soll er auch wissen, daß das Mobiliar gar nicht dem gehört, dem er es abkaufte. Als er auch noch eine Anarchistenbombe schmeißt und damit eine Polizeiparade durcheinanderbringt, hat er es mit allen total verscherzt.

COPS erzählt wieder die katastrophal endende Geschichte eines unschuldigen einzelnen im Kampf mit und gegen Polizei und Gesellschaft. Auch diesmal ist das Ende so düster wie in THE BOAT. Das Mädchen, für das er sich ins Zeug geworfen hatte, honoriert Busters Anstrengungen nicht. Resigniert überläßt er, der doch alle Polizisten hinter Schloß und Riegel gesetzt hatte, sich am Ende doch ihrer Wut: ein Selbstmörder aus verschmähter Liebe. (So radikal, so selbstvernichtend ist Chaplins einsamer Tramp nie gewesen; er bricht am Ende immer zu neuen Abenteuern auf.) Das brutale, hoffnungslose Ende offenbart

Keatons Lust an der mathematischen Logik seiner Erzählungen, die eine Entwicklung, eine Verwicklung durchspielen bis zur schlimmsten, endgültigen Wendung. Im übrigen ist COPS ein würdiger Nachfolger der zahllosen Polizistenfilme in der Tradition von Sennetts Keystone-Cops, mit denen der Film den Spaß an der unbeabsichtigt ausgelösten Polizeijagd teilt. Der Montage-Aufbau dieser Verfolgungssequenz ist ein Lehrbeispiel für Keatons Filmkomik. Von Einstellung zu Einstellung wächst die Zahl der Polizisten, und je größer sie wird, desto weniger können sie Buster fangen, weil sie sich gegenseitig behindern. Buster nutzt das geschickt aus. Mehr als ein paar Überschläge braucht er nicht, um auf einer Leiter, die, über einen Bretterzaun gelegt, zur Wippe geworden ist, das Gleichgewicht zu halten. Als er die Balance nicht mehr halten kann, läßt er sich wie von einem Katapult davonschießen. Das gewitzte Individuum wird mit den Massen fertig wie später in GO WEST und SEVEN CHANCES.

My Wife's Relations

My Wife's Relations. 1922

Aus Versehen traut ein des Amerikanischen nicht mächtiger Richter Buster mit einer stämmigen Irin, die ihren frisch Angetrauten von den ebenso vierschrötigen männlichen Mitgliedern ihrer Familie beuteln läßt. Erst als Buster einen Brief erhält, den die Iren für die Ankündigung einer großen Erbschaft halten, werden liebenswürdige Menschen aus ihnen. Aber die plötzlichen Sympathiekundgebungen sind Buster noch unheimlicher und er zieht die Flucht ins Scheidungsparadies Reno vor.

MY WIFE'S RELATIONS liegt unter dem Niveau Keatons. In ihm fehlt nahezu alles, was seine anderen Filme zu grotesk-komischen Meisterstücken macht: eine gute Geschichte, deren Gags sich logisch entwickeln; ein ernsthafter Gegner, an dem Buster wachsen kann und der ihn zu einer Entwicklung zwingt; der Verzicht auf einen deus ex machina oder ein Wunder; eine vorzügliche Darstellung mit sportlichen Glanzlichtern. Von all dem ist in MY WIFE'S RELATIONS nichts vorhanden. Ein ruppiger Film, dessen David-Goliath-Komik auf der platten Tatsache beruht, daß rohe Kraft nun eben auch komisch wirkt.

The Blacksmith. 1922

Buster als Geselle in einer ländlichen Hufschmiede, in der sowohl Pferde als auch Autos »verarztet« werden. Der Tolpatsch Buster gibt immer nur Anlaß zu neuen, größeren Reparaturen. Durch seine Methode der Reparatur als fortschreitende Zerstörung »schafft« er an einem Tag zwei Autos, ein Pferd, den Sheriff und seinen Meister – wenigstens verschont er das Mädchen, das er heiraten will.

Einen ähnlichen Film hatte Keaton schon 1919 mit *Arbuckle* gemacht: THE GARAGE. Zum Teil werden dessen Bilder und Gags direkt zitiert. THE BLACKSMITH ist aber noch lustvoll-destruktiver. Das Chaos, das Buster anrichtet, könnte *Laurel & Hardy* jede Ehre machen; für Keaton ist es nicht typisch. Nur zwei Einstellungen verraten wirklich ihren Schöpfer: Buster muß einem Pferd neue Hufeisen verpassen und führt sich dabei

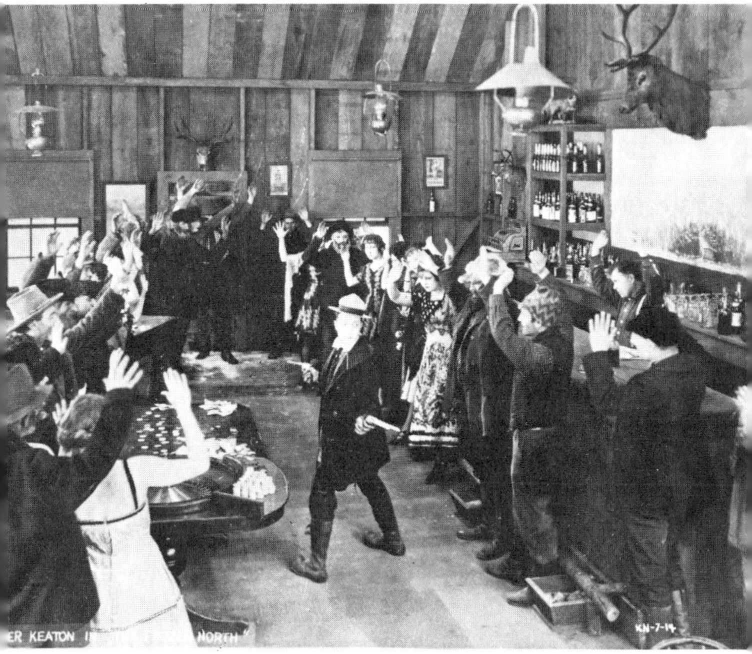

The Frozen North

auf wie ein Verkäufer in Lubitschs vornehmen »Schuhpalast Pinkus«. Am Ende sieht man einen davonbrausenden Zug; die Kamera fährt zurück: es ist eine Spielzeugeisenbahn, vor ihr liegt der inzwischen mit der Reiterin verheiratete Buster auf dem Bauch. Darin treffen vier typische, oft sich wiederholende Obsessionen Keatons zusammen: falsche Analogiebildungen (Hufeisen-Schuh), Übertragungen von Gesten in fremde Bereiche (Schuhanprobe – Hufanprobe) und einerseits die Illusionsbrechung durch Einstellungsveränderungen (von der Großaufnahme zur Totalen), andrerseits das Spiel mit technischen Miniaturen, besonders mit der ihn immer wieder faszinierenden Eisenbahn.

The Frozen North. 1922

Buster entsteigt der New Yorker Untergrundbahn, seltsamerweise mitten in Alaska. Dennoch scheint er zu Hause zu sein. Aus Versehen erschießt er ein Ehepaar. Aber er hat sich in der Hausnummer geirrt und seine Frau gar nicht beim Ehebruch erwischt. Vielleicht ist es einem anderen ähnlich gegangen, denn auch Busters Frau ist tot, als er nachhause kommt. Er macht sich an die Verfolgung des Mörders. Da fällt ein Schuß und er wacht auf – im Kino.

Nicht nur der Schluß des Films weist auf das hin, was Keaton sich mit THE FROZEN NORTH vorgenommen hatte: wieder einmal die Kollegen in Hollywood zu parodieren – wie in THE PLAYHOUSE, in THE THREE AGES, SHERLOCK JR. und THE CAMERAMAN. THE FROZEN NORTH ist eine Parodie der frühen Western William S. Harts. Das erklärt nicht nur Busters ungewöhnlichen Aufzug als »Northener«, sondern auch sein großspuriges Gehabe und die für Buster-Kenner befremdliche Szene, in der er das Ehepaar ohne zu fackeln abknallt, um dann ungerührt seinen Irrtum zu bemerken. Solcher Zynismus, solche Brutalität fehlen ihm sonst. Typischer ist eine Verfolgungsjagd mit einem von Hunden gezogenen Schlittentaxi, die auf das Wagenrennen in THE THREE AGES vorausweist.

Daydreams. 1922

Weil Busters zukünftiger Schwiegervater ihm nicht zutraut, seine Frau ernähren zu können, beschließt Buster, in der Stadt Karriere zu machen. In Briefen berichtet er seiner Braut von seinen erstaunlichen Erfolgen als Mitarbeiter in einer Tierklinik, in der Wallstreet und am Theater, die dem zuschauenden Augenzeugen freilich doch als Mißerfolge erscheinen.

Noch bruchloser als in THE PLAYHOUSE sind hier Traum und Wirklichkeit ineinander verwoben. Den roten Faden bilden die Briefe, die Buster seiner Braut schreibt und die von ihr anders gelesen werden, als er sie gemeint hat. Sie stellt sich unter »Cleanin' up Wallstreet« Busters Aufstieg zum Bankier vor, während er doch einfacher Straßenkehrer ist; und der Shake-

The Love Nest

speare-Darsteller mimt nicht, wie sie glaubt, den Hamlet, sondern einen Statisten, der mit seinem Speer so große Verwirrung anrichtet, daß er im Kostüm davongejagt wird. Die vorhandenen Kopien scheinen nicht ganz vollständig zu sein, sodaß es nicht sicher ist, ob der Film wirklich das deprimierende Ende hatte: Buster, verfolgt von Polizisten, hat sich in das Rad eines Riverboats geflüchtet, das sich endlos dreht; es scheint hoffnungslos, aus diesem Eichhörnchendasein jemals wieder herauszukommen.

The Electric House. 1922

Buster, der Botaniker, erhält ein falsches Diplom, das ihn zum graduierten Elektriker erklärt. Aus einem Haus macht er ein Wunderwerk der Mechanik und der Automation. Als er seine Konstruktionen stolz dem Hausbesitzer präsentieren will, sabotiert sein mißgünstiger Rivale die Schalttafel im Keller.

Nach den COPS wird immer deutlicher, daß Keaton die kurze Form der Zwei-Akter ausgeschöpft hatte und für längere Filme vorbereitet war. Seine Wünsche wurden allerdings von seinem Produzenten Joseph Schenck noch nicht akzeptiert. Man kann sich bei manchen der nach COPS entstandenen Filme nicht ganz des Eindrucks erwehren, daß Keaton nur gearbeitet hat, um weiterhin in regelmäßigen Abständen einen neuen Film in die Kinos zu bringen. THE ELECTRIC HOUSE gehört noch zu den besseren und phantasievolleren Werken dieser Periode, führt aber nur einen längst geplanten Film fort, den Keaton 1921 abbrechen mußte, weil er bei den Dreharbeiten verunglückt war.
THE ELECTRIC HOUSE ist ein typischer Keaton-Stoff, der Film eines heimlichen Hobby-Ingenieurs, eine mit Motiven aus ONE WEEK angereicherte Variante von THE SCARECROW. Buster erfindet eine in beide Richtungen benutzbare Rolltreppe, einen Büchergreifer und eine fahrbare Badewanne. Für die vollautomatische Bedienung am Eßtisch sorgt wieder eine Spielzeugeisenbahn. Hier verbinden sich kindlicher Spieltrieb und Erfinderlust mit dem Schrecken eines automatisierten Lebens; ein Thema, das später Chaplin in *Modern Times* weitergedacht hat. Auch in THE ELECTRIC HOUSE wird der Traum am Ende zum Alptraum. Die wildgewordene Mechanik revoltiert gegen ihren Schöpfer. Freilich – das unterscheidet Keaton und Chaplin – wird nicht eine bedrohliche Verselbständigung der Technik thematisiert; ein Rivale hatte sie nur zweckentfremdet.

The Balloonatics. 1923

Auf dem Jahrmarkt gerät Buster in die Maschen eines Fesselballons, der sich plötzlich vom Boden erhebt. Er landet in einem Wald voller wilder Tiere. Er kommt aber mit zahmen und harmlosen Tieren auch nicht viel besser zurecht, und die größten Probleme hat er mit seiner neu gewonnenen Freundin. Dennoch schweben die beiden am Ende in ihrem Boot direkt in dem Himmel.

THE BALLOONATICS gehört, wie viele Filme Keatons, (z. B. THE NAVIGATOR), zu seinen Robinsonaden. Hier bezaubert er vor allem durch die Einfälle in den Country-Side-Szenen. Buster hat hier viele Gelegenheiten, seine in der Stadt erworbenen Fähig-

keiten auf den Umgang mit Enten, Fischen und einem Mädchen zu übertragen. Nachdem er statt Enten seinen Ballon abgeschossen hat, traut man ihm freilich nicht mehr allzu viel zu und ist gar nicht erstaunt, daß er die Fische treibt wie zuhause die Hühner. Daß Busters unfreiwilliges Abenteuer ein gutes Ende findet, ist denn auch nicht ihm zu verdanken, sondern dem Zufall. THE BALLOONATICS kann man als Etüde zu dem für den späteren BATTLING BUTLER ansehen, in dessen Exposition sich viele Einfälle des Kurzfilms wiederfinden.
Nach zwanzig Zwei-Aktern in drei Jahren war Keaton nun reif genug für größere Arbeiten, die längeren erzählerischen Atem erforderten. Er drehte noch einen Kurzfilm (LOVE NEST, der uns nicht zugänglich war) und begann dann mit seinem ersten eigenproduzierten abendfüllenden Film.

III Die großen Filme

The Three Ages. 1923

In der Steinzeit, im alten Rom und im Amerika des Jahres 1923: zu allen Zeiten verläuft die Geschichte gleich. Buster verliebt sich in ein Mädchen. Seine Werbung bleibt aber vergeblich, weil die Eltern die Schöne längst einem anderen zugedacht haben, der Buster überlegen ist und auch vor unfairen Tricks nicht zurückscheut. Erst die tollkühne Sammlung all seiner verborgenen Fähigkeiten bringt Buster an das Ziel seiner Wünsche.

In seinem ersten langen Film bedient sich Keaton einer Form, die in den zwanziger Jahren im dramatischen Stummfilm sehr beliebt war. Ein Thema wird durch die verschiedenen Zeiten verfolgt; die einzelnen Episoden werden aber nicht in chronologischer Folge hintereinandergereiht, sondern parallel geführt. Der bekannteste Film dieser Art ist D.W. Griffith' *Intolerance*. THE THREE AGES muß man auch als eine Parodie dieses Films sehen, der bis in den sprachlichen Stil der Zwischentitel nachgeahmt wird. Die Parallelmontage, die in einem dramatischen Sujet die Spannung erhöht, kann in einem komischen

The Three Ages

Film allerdings leicht das Gegenteil bewirken und Langeweile erzeugen. Weil die Handlung parallel läuft, weiß man immer schon, wie sich die Geschichte weiterentwickelt. Keaton hat diese Gefahr durch ein einfaches Mittel vermieden. Jede der vier großen Handlungsblöcke hat einen anderen Schwerpunkt. Was die Romepisode nur knapp und kurz erzählt, malt die Gegenwartserzählung umso ausführlicher aus.
Die Steinzeitsequenz führt breit in die Geschichte ein. Zuerst werden alle Hauptpersonen vorgestellt: der verliebte Buster, das Mächen, das er liebt, deren Eltern und der überlegene Rivale. Die Eltern überwachen das Mädchen. Ihre Entscheidung ist längst gefallen, zumal die erste direkte Konfrontation mit dem Konkurrenten für Buster sehr schlecht ausfällt. Denn der lenkt ein schnelles Mammut, während Buster beim Wettrennen mit einem gemächlichen Dinosaurier vorlieb nehmen muß[5]. Das Gefährt ist auch in der römischen Episode und in der Gegenwart Kennzeichen für sozialen Status: während der Rivale einen herrlichen Vierspänner vorzuzeigen hat, erinnert Busters Quadriga eher an eine Seifenkiste, von der traurigen Erbärmlichkeit seines Gespannes ganz zu schweigen. In der Gegenwart – sie wird durch den Zwischentitel »The Age of Speed, Need and Greed« eingeführt – hat Buster mit seinem betulichen Ford Model T natürlich von vornherein gegen den schnellen Sportwagen des anderen verloren.

Im Wettbewerb der Statussymbole und der Bankkonten (der Rivale spart bei der First, Buster bei der Last National Bank) ist Buster unterlegen. Also versucht er es mit dem alten erprobten Mittel, die Eifersucht des Mädchens zu erregen. Gut bekommt ihm das nicht, denn die dazu benutzte Steinzeitfrau ist im Vergleich zu Buster eine Walküre. In der Gegenwart wird Buster in einem vornehmen Restaurant durch die Wirkung von unfreiwillig genossenem Alkohol und die raffinierte Gemeinheit des Rivalen so fertiggemacht, daß er nicht die Eifersucht, sondern höchstens den Spott seiner Angebeteten erregt (und ein Taxi auf der linken Seite betritt, es aber rechts gleich wieder verläßt – und trotzdem bezahlt).
Im dritten Akt fordert Buster den Konkurrenten zum Zweikampf, den er vor allem deshalb verliert, weil der Rivale die drohende Niederlage durch faule und schmutzige Tricks abwendet. Im Mittelpunkt dieses Akts und gleichzeitig im Mittelpunkt des ganzen Films steht das Wagenrennen im Zirkus von Rom, das auf seine – komische – Art dem berühmten von Fred Hiblos *Ben Hur* nicht nachsteht (das allerdings erst 1926 entstanden ist) und dessen literarische Vorlage es wohl parodiert. Seltsamerweise liegt die Rennbahn unter hohem Schnee. Buster ersetzt die Räder seines Wagens durch Kufen und die Pferde durch Schneehunde. Der Vorteil, den er dadurch hat,

The Three Ages

wird aber durch eine Katze zunichte gemacht, welche die Hunde aus der Bahn lockt, bis Buster sie als Köder verwendet. So gewinnen hier triumphal der Geist, der Witz, die schnelle, wendige Phantasie gegen die materiellen Vorteile des anderen, der freilich dadurch nicht gehindert wird, Buster in einen Löwenkäfig zu werfen. In der Steinzeit hatte sich Buster von einem Elefanten schleifen lassen müssen und in der Gegenwartsepisode schiebt ihm der unfaire Rivale eine Schnapsflasche unter und läßt ihn von einem Prohibitionsagenten ins Gefängnis werfen.

Buster hat erst dann Erfolg, als der Konkurrent das Mädchen schon fest in seinen Fängen hält. Dadurch werden alle Kräfte Busters mobilisiert und konzentriert, mit deren Hilfe er die Angebetete in letzter Minute retten kann. In der Steinzeit muß er eine Felsenkanonade aushalten und ein Katapult erfinden; in Rom setzt er zu einem Lauf an, der sportlich ebenso virtuos ist wie später der Endspurt in COLLEGE; in der Gegenwart entlarvt er den Gegner als Bigamisten. Ein Epilog erzählt das Happyend: Buster kommt mit seiner nun Angetrauten aus der Wohnhöhle, begleitet von einer Kinderherde. Das römische Ehepaar wird von fünf lieben Kleinen begleitet, das moderne Ehepaar des Jahres 1923 von einem – Hund.

Das ist der ironische Schlußpunkt eines Films, der sich langsam entwickelt und ein immer schnelleres Tempo erreicht, das in den Verfolgungsjagden der Rom- und der Gegenwartsepisode kulminiert. »(Die Jagd) ist so gut (als Klimax eines komischen Films) geeignet, weil sie das Tempo beschleunigt, meistens alle Darsteller einschließt und die Story auf den Punkt bringt.«[6] Die Jagden in THE THREE AGES haben schon die »Geschicklichkeit und den Rhythmus in Darstellung, Timing und Schnitt«[7], die Keatons Filme vor denen anderer Komiker auszeichnen. Als komische Mittel dienen ihm vor allem umfunktionierte, sonst anders benutzte Gegenstände und seine überragende Akrobatik. Am Anfang erregt der Film Lachen eher durch die Schilderung der Steinzeitwelt, durch das Pappmaschee-Dekor und durch den Aufzug Busters, der in seinem Fell, seinem zotteligen Haar und den großen Pelzschuhen wie die Parodie des Helden von *Mens Genesis,* einem anderen Film von Griffith, aussieht. Viele Gags erinnern in ihrer Konstruktion an zeitgenössische Comics mit historischem Sujet, deren humoristische Wirkung sich aus dem Spiel mit den Gegensätzen der Epochen ergibt.

The Three Ages

Ein hübsches Beispiel für die Verschränkung anachronistischer und moderner Verhaltensweisen ist die Szene, in der Buster sein Testament diktiert. Er läßt eine lange Suada vom Stapel, für deren Niederschrift der Stenotypist schließlich einen einzigen Schlag in die Steintafel benötigt.

Wie jede Komödie schließt auch THE THREE AGES mit einem Happyend. Es kann freilich nicht den Eindruck von Bitterkeit vergessen machen, den der Film über lange Strecken hinterläßt, Bitterkeit darüber, daß es zu allen Zeiten soziale Ungleichheit und Ungerechtigkeit gegeben hat und daß es der tollkühnen Anstrengung bedarf, um das »absolute Primat der Schönheit, des Geistes und des Herzens«[8] zu erringen. THE THREE AGES gehört weniger zu Keatons späteren Hauptwerken als zu den vorausgegangenen Zwei-Aktern. Die Episodenform des Films hat möglicherweise nicht nur in der parodistischen Absicht, sondern auch in dem Versuch, die Karriere zu sichern, ihren Grund: wäre der Lang-Film ein finanzieller Mißerfolg geworden, hätte man ihn auseinanderschneiden und drei Kurzfilme aus ihm machen können. Sicher hat diese Methode Keaton die Arbeit an seinem ersten eigenen abendfüllenden Film erleichtert; der lange Atem für die Entfaltung eines bis in alle Einzelheiten dramaturgisch durchdachten Aufbaus war bei THE THREE AGES noch nicht notwendig.

Our Hospitality. 1923

Auf der Zugreise von New York nach Rockville in den Südstaaten, wo er sein ererbtes Haus übernehmen soll, lernt der junge Willie McKay ein Mädchen kennen. Sie ist die Tochter der Canfields, mit denen die McKays in tödlicher Fehde liegen und die geschworen haben, Willie, den letzten seiner Familie, zu töten. Nichtsahnend lädt das Mädchen ihren Reisegefährten zum Abendessen ein, nichtsahnend folgt Willie der Einladung. Zufällig wird er unbemerkter Zeuge einer Unterhaltung der Canfields, die besprechen, was mit ihm passieren soll, wenn er nicht mehr den geheiligten Schutz der Gastfreundschaft unter ihrem Dach genießt. Die Canfields tun alles, um ihn loszuwerden, und wollen ihn erschießen, sobald er das Haus verlassen hat; Willie tut alles, um unter ihrem schützenden Dach bleiben zu können. Tatsächlich übersteht er alle Anschläge und Bedrohungen und kann seine Angebetete sogar heiraten. Weil er der Zustimmung ihrer Familie nicht ganz sicher war, hat Buster sich allerdings bis zu den Zähnen bewaffnet.

Keaton und sein Team begannen noch während der Dreharbeiten zu THE THREE AGES mit der Arbeit am Buch von OUR HOSPITALITY. Der Film basiert auf einer Idee von Jean Havez, die die authentische Fehde zwischen den Familien Hatfield und McCay aufgriff. Die Namen wurden geringfügig geändert – »damit sie nicht kommen und uns befehden«, sagte Buster. OUR HOSPITALITY ist ein echter Familienfilm: Buster spielt den jungen Willie, Busters Vater Joseph gibt eine herrliche Vorstellung als eitler Lokomotivführer, Busters gerade knapp einjähriger Sohn markiert im Prolog den Willie als Baby und Busters Frau, Natalie Talmadge-Keaton, ist das angebetete Mädchen.
OUR HOSPITALITY, der zweite abendfüllende Film Keatons, gehört zu seinen Meisterwerken wie THE NAVIGATOR und THE GENERAL. Einhellig wird er von allen Kritikern und Filmhistorikern für einen der schönsten, heitersten, reifsten und perfektesten Keaton-Filme gehalten. Tatsächlich steht Keaton, mit gerade 28 Jahren, schon auf der Höhe seines Könnens. Dieses Urteil gilt für seine schauspielerischen Fähigkeiten ebenso wie für seine Beherrschung der filmtechnischen Mittel und für seine erzählerische Ökonomie. An diesem Urteil können auch die Etikettierungs-Schwierigkeiten mancher Kritiker nicht rütteln:

»ist das ein Drama, eine Farce, eine Komödie oder einfacher Slapstick«, fragt z.B. Denis[9]. Schwerer wiegt jedoch der Hinweis auf eine gewisse Unausgeglichenheit des Films.
Ein realistisch, ernsthaft und ganz im Stil von Stummfilmtragödien gefilmter Prolog berichtet von der Fehde zwischen den beiden Familien, deren letztes Opfer der Vater des kleinen Willie wird. Um Willie, den einzigen männlichen Überlebenden der McKays, in Sicherheit zu bringen, läßt ihn seine Mutter bei einer Tante in New York aufwachsen. Zwanzig Jahre später

Our Hospitaliy

ist aus Willie ein schöner, junger Mann geworden, der ein bißchen dandyhaft auf seinem Laufrad daherkommt (»Broadway und 42. Straße, nach einer alten Darstellung« erklärt ein Titel die ländliche Szene mit der Kreuzung zweier Feldwege, an der ein Polizist den spärlichen, aber schon gefährlichen Verkehr regelt). Als Willie ein Telegramm mit der Nachricht erhält, daß seine Mutter gestorben sei und er sein Erbe, das er sich als Palast vorstellt, antreten solle, bricht er zur Heimreise auf. Er bedient sich des damals modernsten Verkehrsmittels, der Eisenbahn. Die Schilderung der Fahrt von New York nach Rockville im Shennendoh Valley nimmt viel Zeit in Anspruch; »die Komödie muß warten, bis fast ein Drittel des Films vorbei ist«, merkt McCaffrey[10] zornig an. Freilich gehört gerade diese bezaubernd gefilmte Fahrt zum schönsten Teil des Films. Keaton hat daraus keine Karikatur gemacht, sondern eine Liebeserklärung an das alte Amerika und seine Landschaft, seine Bewohner und an die hübsche kleine Lok, die so gemächlich dahinzuckelt, daß Willies Hund unter dem Wagen bequem mitlaufen und den Zug manchmal sogar überholen kann. Langsam rattert der Zug durch die Wälder und die Prärie, gesteuert von einem würdigen Lokführer, bewacht von einem ständig einschlafenden Bremser mit einem riesigen Posthorn, bestaunt von den Ureinwohnern, von unverständigen Kühen und einem Esel, der so stur ist, daß seinetwegen die Gleise verlegt werden müssen. Die Fahrt, die gelegentlich auch einmal neben den Schienen entlangführt, bringt viele Unannehmlichkeiten und Unbequemlichkeiten mit sich, aber durch die Erschütterungen kommt Willie dem Mädchen auf ganz natürliche Weise näher.

Die entspannte Heiterkeit, die sich über der Schilderung dieser Fahrt ausbreitet, resultiert aus dem ständigen Fluß fast beiläufig sich ergebender neuer Abenteuer. Sie ist Konsequenz der Geduld, die Keaton sich für die Erzählung nimmt, und gründet

Our Hospitality

auf einer erstaunlichen historischen Detail-Genauigkeit: Jede Einzelheit wurde nach gründlichem Studium historischer Vorlagen nachgebaut. Die kleine Lok ist eine Stephenson Rocket, die Kostüme stammen aus alten Modellbüchern und das Laufrad war so »echt« rekonstruiert, daß es das »Smithsonian«, ein Museum für Volkskunde, nach Abschluß der Dreharbeiten übernahm. Dieser Realismus und diese Detail-Genauigkeit gehören seit OUR HOSPITALITY zu den wichtigsten Momenten von Keatons großen realistisch-komischen Filmen.
Ebenso weist der Film zum erstenmal eine Qualität auf, die das Werk Keatons innerhalb der amerikanischen Stummfilm-Komödie singulär macht: für den Filmautor Keaton ist die Fotografie in keiner Weise beliebig. Zumindest sorgte er immer für ein »schönes« Bild, worin sich seine Komik erst entfalten konnte. Elgin Lessleys Kameraarbeit in OUR HOSPITALITY – vor allem das lange Travelling während der Reise – reicht an Sequenzen in Filmen *John Fords* heran. Selten hat man Bilder gesehen, welche die Weite der Landschaft des amerikanischen Südens mit seinen Ebenen, Flußtälern und Wäldern so schön und unpretentiös wiedergeben wie jene in OUR HOSPITALITY. Aber es ist keine reaktionäre Naturschönheit, denn auch der Zug, die frühe Technik, die Maschine fügen sich harmonisch in die Landschaft ein.
Und noch eines ist an dieser Zugfahrt bemerkenswert: die Durchdachtheit und Logik ihres Aufbaus. Obgleich sie ein großes Eigengewicht besitzt, steht sie nicht außerhalb der dramaturgischen Gesamtkonstruktion. Robinson[11] zählt immerhin sechs Elemente auf, die für den Verlauf des Filmes eine weiterentwickelnde Funktion haben. Es gibt bei Keaton kaum je eine Szene, an die nicht erneut angeknüpft würde, auch wenn sie zunächst als Einzelgag erscheint und zusammenhanglos und isoliert wirkt.
Der zweite Teil, der in Rockville spielt, zeigt zunächst Willie auf der Suche nach seinem Vaterhaus. Als er es gefunden hat, bricht sein Traum von einer weißen Villa im wahrsten Sinn des Wortes zusammen; von der verrotteten Holzfällerhütte bleibt nur ein Trümmerhaufen in einer Staubwolke. Umso lieber nimmt er die Einladung seiner Reisebekannten zum Abendessen an. Nur ist er bei den Canfields auch kein willkommener Gast, nachdem er sich als McKay vorgestellt und begriffen hat, daß er sich im Hause der auf Blutrache sinnenden Canfields

befindet. Willie versucht, das Hinauskomplimentieren durch die Canfields zu verzögern, indem er angeblich seinen verschwundenen Hut erst finden muß; aber das wird von seinem Hund durchkreuzt, der ihm seinen Hut immer wieder apportiert, wenn Willie ihn schnell unter das Sofa geworfen hatte. Erst der Pfarrer rettet Willie, vorläufig, aus seiner Todesnot durch den zartfühlenden Hinweis auf das Wetter, das so schlimm sei, daß sich jeder draußen den Tod hole. Die bedrängende Situation, in der Willie sich befindet, liefert Keaton die Gelegenheit zu einem Feuerwerk von Gags. Sie hat aber auch die dramaturgische Funktion, die Charakteristik Willies zu vertiefen und ihren Wandel anzudeuten. Willie, der unbedarfte Schönling, beginnt allmählich von seinem Verstand Gebrauch zu machen und mobilisiert beträchtlichen Einfallsreichtum, um seinen Verfolgern zu entkommen und seine Haut zu retten.

Auf Leben und Tod flieht er vor den schießwütigen Canfields. Schauplatz ist zunächst ein Felsenabgrund, von dem Willie und einer der Canfield-Brüder, durch ein Seil aneinandergebunden, abstürzen, sich dabei immer wieder gegenseitig überholen, bis sie beide im Fluß landen. Willie wird von dem Strom mitgerissen, kann sich aber in letzter Minute an einem Baumstamm festbinden, der genau über einem Wasserfall steckenbleibt. Was Willie vollführt, um sich aus dieser verzweifelten Lage zu befreien, zumal er auch sein Mädchen retten muß, das ebenfalls in den Fluß gefallen ist, entzieht sich einer Beschreibung. Die fünfzig Einstellungen dieser Rettungssequenz gehören zu den spannendsten in den an solchen Sensationen nicht gerade armen Filmen Keatons. Es war eine artistische Höchstleistung Keatons, dessen lebensgefährliche Arbeit am Wasserfall zum Entsetzen seines Teams hin und wieder aus der Kontrolle geriet. Zugleich aber war es auch ein Meisterstück des Filmemachers Keaton, der die Spannung nicht allein durch seinen körperlichen Wagemut, sondern auch durch eine perfekte Montage auf den Höhepunkt treibt. Um Parallelhandlungen zu erzählen, braucht Keaton keine Zwischentitel; er verwendet die Tiefenschärfe: im Vordergrund sieht man Willie über dem Abgrund sich abmühen, während hinten im Bild schon das herantreibende Mädchen sichtbar wird. Auch für den Epilog, der die Hochzeit der beiden und die Versöhnung mit den Canfields herbeiführt, für eine höchst komplizierte erzählerische Entwicklung also, benötigt Keaton nur zwei erklärende Titel. Er ist auf literarische Mittel nicht angewiesen, weil er die filmischen vollkommen beherrscht.

Sherlock Jr.

Sherlock Jr. 1924

Buster, Filmvorführer und Saubermacher in einem Kino, träumt davon, Detektiv zu sein. Im Leben läßt er sich von seinem Rivalen in der Gunst seiner Geliebten übertölpeln. Der hat eine Uhr geklaut, versetzt sie und schmuggelt Buster den Pfandschein in die Tasche. Der unschuldige Buster bekommt Hausverbot, sein Mädchen zweifelt an ihm. Buster schläft, müde und enttäuscht, bei der Arbeit ein. Plötzlich spielen auch in dem Film, den er vorführt und der den Titel »Hearts and Pearls« trägt, das Mädchen und der Rivale mit. Buster mischt sich ein, er springt in die Leinwand und wird nach einigen Schwierigkeiten als Mitakteur aufgenommen. Er tritt als der große Detektiv Sherlock jr. auf, der schließlich die Schuftigkeiten des Rivalen enthüllt und das Mädchen aus dessen Gewalt befreit. In diesem Moment wacht Buster auf. Das Mädchen kommt und erzählt ihm, daß inzwischen seine Unschuld erwiesen sei: ein Happyend auch im wirklichen Leben.

SHERLOCK JR.[12] enthält zahllose turbulente Szenen, die ihren Höhepunkt erreichen, wenn Buster als großer Detektiv nicht nur den Fallen der Gangster weitsichtig und geschickt im letzten Moment entgeht, sondern schließlich den Spieß umkehrt, Jagd auf sie macht und sie außer Gefecht setzt. Die Fähigkeiten, die er dabei entwickelt, sind umso beeindruckender als vorher seine Unbeholfenheit und Tolpatschigkeit alles verdorben hatten. Was Buster in der Wirklichkeit so schmerzhaft fehlt, im Traum verfügt er darüber, ist allmächtig. Der Regisseur Keaton hat nichts unterlassen, um den Kontrast zwischen Traum und Leben, zwischen Wirklichkeit und Phantasie auszunutzen, wobei ihm die »Logik des Traums« erlaubte, die Gesetze der Wahrscheinlichkeit und der Alltagslogik, an die er sich sonst so streng hielt, nicht selten außer Kraft zu setzen.
Die Verfolgungsjagd am Schluß des Traums entwickelt auch für Keatonsche Verhältnisse ungewöhnliches Tempo und enthält verblüffende Erfindungen. Einige Einfälle sind nichts als schlicht spektakulär: zur Vorbereitung seiner Flucht aus dem Quartier der Gangster faltet Buster ein Frauenkleid und stellt es in einer flachen, runden Schachtel ins Fenster; als er fliehen muß, springt er durch das Fenster und geht, als Frau verkleidet, unerkannt weiter. Bis heute rätselt man darüber, wie es Keaton technisch gelungen ist, durch den Bauchladen eines Straßenverkäufers, der an einer Holzwand steht, zu springen; denn ein Schnitt, ein Einstellungswechsel ist nicht zu bemerken, es muß sich also um einen Varietétrick handeln. Bei der Verfolgung fährt Buster auf der Lenkstange eines Motorrads, ohne zu merken, daß er den Fahrer längst verloren hat. Er überquert eine Brücke, deren Mittelteil fehlt; aber gerade in dem Augenblick, in dem er die Lücke erreicht, füllen sie zwei hohe Lastwagen, die, aus entgegengesetzten Richtungen kommend, gleichzeitig die Lücke passieren. Keaton hat sich bei diesem Film die einzige lebensgefährliche Verletzung seiner Laufbahn zugezogen: ohne es zu merken, hatte er sich das Rückgrat gebrochen. Natürlich ließ er sich auch in diesem Film nicht doubeln.
Noch mehr als die Fülle einzelner artistischer Glanzlichter beeindruckt die Sequenz in ihrer Gesamtheit, in der gleitenden, ununterbrochenen Bewegung des rasenden Buster. Sie findet

einen sanften Abschluß: Als Busters Wagen auf ein Hindernis stößt, bleibt sein Chassis an Land, während er samt Karosserie in einen See schnellt. Buster klappt das Verdeck auf, um es als Segel zu benutzen. Aber die Windstille und das eindringende Wasser verhindern zuletzt den Erfolg seines Einfalls. Der Gag erinnert an das Ende von »Damfino« in THE BOAT.

Enno Patalas hat darauf aufmerksam gemacht, welche Bedeutung der Traum in den Filmen Keatons und für Buster besitzt, selbst wenn der Traum nicht so manifest zum Thema wird wie in SHERLOCK JR.[13]. Hier bringt Keaton den Traum mit dem Film zur Deckung, den Buster vorführt. Die Überleitungen sind zwanglos und vor allem rein visuell gestaltet; statt Zwischentiteln verwendet Keaton eine Doppelbelichtung, in welcher der wache Geist den schlafenden Körper verläßt, durch den Kinoraum geht, die Orchesterbarriere überquert und in das Bild auf der Leinwand springt. Dort wird er gepackt und erst einmal wieder zurückgeworfen. Buster gibt aber nicht auf und macht einen zweiten Anlauf, der zu einer erstaunlichen Passage führt. In ihr spielt Keaton genußreich und ausgiebig mit dem Schnitt. Man sieht z.B. Buster, wie er sich auf eine Bank setzen will;

Sherlock Jr.

Schnitt; er landet auf einer harten Bordsteinkante. Diese Sequenz ist einzigartig im Film der zwanziger Jahre.
Während der ganzen Sequenz ist die Leinwand deutlich als Leinwand zu sehen. Erst nach dem letzten Schnitt fährt die Kamera so weit vor, daß das Bild auf der Leinwand mit dem Filmbild identisch wird. Über die technische Realisierung hat Keaton verschiedene Versionen gegeben. Die wahrscheinlichste berichtet Brownlow: »Wir bauten eine Bühne mit einer großen schwarzen, ausgeschnittenen Leinwand. Dann bauten wir die vorderen Sitzreihen, den Orchestergraben und alles andere. Es war unsere Beleuchtung, die den Trick ausgemacht hat. Wir beleuchteten die Bühne so, als würde dort ein Film auf die Leinwand projiziert. Für die Außenaufnahmen brauchten wir nur die genaue Entfernung der Kamera von dem Ort, wo ich stand. Dann konnte der Kameramann die Höhe kalkulieren. Wenn wir eine Szene gedreht hatten, gingen wir in die Dunkelkammer, entwickelten sie sofort und brachten sie dem Kameramann. Er schnitt ein paar Einzelbilder heraus und steckte sie auf das Bildfenster der Kamera. Wenn dann die Szene gewechselt wurde, stellte er mich genau dorthin, wo ich vorher war. Nur die Entfernung mußte stimmen.«[14] Aber man muß wohl Kevin Brownlow recht geben: »Das ist zu verzwickt, um komisch zu sein. Es provoziert Erstaunen, Bewunderung, aber nur selten Gelächter. Es hält den Handlungsablauf auf, es hält sogar den Film im Film auf, denn die Szenen haben überhaupt keinen Zusammenhang mit der Haupthandlung oder zumindest untereinander. Es ist exhibitionistisch und reiner Selbstzweck. Gleichzeitig ist es aber auch die am brillantesten ausgedachte Trickszene der Filmgeschichte.«[15]
Am Ende des Film freilich läßt Keaton die reine Spielerei mit den technischen Möglichkeiten des Films hinter sich. SHERLOCK JR. wird zu einer Reflexion über das Medium und seine Macht, zu einer Meditation des Filmemachers Keaton über das Verhältnis zwischen dem Filmemachen und dem Leben. Nach dem Erwachen aus dem Traum fällt Buster wieder in Hilflosigkeit zurück. Das Mädchen erzählt ihm zwar, daß es ihn wieder liebt, weil sie selbst seinem Rivalen auf die Schliche gekommen ist. Aber Buster weiß nicht, wie er sich in dem sich ankündigenden Happyend verhalten soll. Der Film kommt ihm zuhilfe. Durch das Projektionsfenster sieht er auf der Leinwand, daß der Held seiner Liebsten einen Handkuß gibt. Buster imitiert ihn einfach,

und er folgt auch den Filmbildern, als das Mädchen auf der Leinwand einen Ring bekommt und einen Kuß. Der Film als Lebenshilfe, besonders im Umgang mit Mädchen? Zweifelnd kratzt sich Buster am Kopf, als in der letzten Einstellung auf der Leinwand sich das Familienglück durch ein Zwillingspärchen vollendet.

The Navigator. 1924

Der Millionärssohn Rollo Treadway ist so verwöhnt, daß er sich nicht einmal allein rasieren kann. Angeregt durch ein Foto, beschließt Rollo zu heiraten. Doch seine überraschende Werbung um die Tochter des Reeders von gegenüber wird von dem Mädchen als verrückte Laune mißverstanden. So geht Rollo allein auf die Hochzeitsreise, erwischt aber prompt das falsche Schiff, das dem Reeder gehört und von Spionen heimlich losgemacht wird. Auf dem »Navigator« ist durch Zufall auch das Mädchen – aber sonst kein Mensch. Lange und oft verfehlen sie sich auf dem in der See treibenden Ozeanriesen. Als sie sich endlich gefunden haben, müssen sich die beiden lebensunerfahrenen

The Navigator

wie Robinson allein zurechtfinden. Der Tüftler Buster-Rollo erfindet allerlei Praktisches und Unpraktisches. Die beiden überstehen am Schluß sogar einen Überfall durch Wilde. Ein U-Boot rettet sie.

Keaton hat die Erzählstruktur seiner langen Filme immer wieder geändert. Im NAVIGATOR fehlt z. B. der oft wiederkehrende Höhepunkt einer Verfolgungsjagd. Eines allerdings ist allen langen Filmen gemeinsam: das Bemühen um eine möglichst glaubwürdige Konstruktion. Im NAVIGATOR erläutert eine knappe Exposition, wie Buster und das Mädchen auf das verlassen im Ozean treibende Schiff kommen. Die Ausnahmesituation hat einen nachvollziehbaren Grund, nichts (außer dem U-Boot am Ende) wird dem Zufall überlassen.
Kein Patentrezept der Komik: diese Devise gilt auch für die Figur Busters. Sie ist zwar in der Grundtendenz ihrer Haltung gegenüber der Welt weitgehend identisch, jedoch nicht so festgelegt wie etwa der Tramp Chaplins. Oft ist Buster ein »kleiner Arbeiter, aber ehrlich« (Keaton), in einigen Filmen tritt er uns aber auch als Millionärssohn entgegen. Ausgangspunkt war für Keaton immer, seinen Helden in eine besonders schwierige Situation zu bringen: »Zwei Leute auf einem treibenden Ozeandampfer, einem toten Schiff – es gibt darauf kein Licht, kein Wasser, niemanden, der sie versorgen könnte.«[16] Wie Bertie in THE SAPHEAD oder später Alfred in BATTLING BUTLER gibt Rollo Keaton die Möglichkeit, alle Register seiner Komik zu ziehen. Bis Rollo das Mädchen bemerkt und sie ihn, vergeht allerdings geraume Zeit. Die Choreografie des Suchens und Verfehlens gipfelt in einer Einstellung, einer Totalen, die den Deckaufbau zeigt. Zwei Treppen, die die zwei Horizontalen der Decks verbinden, bilden rechts und links den Rahmen des Bildes in der Senkrechten. Wenn Rollo die linke Treppe herunterhastet, stürmt das Mädchen die rechte hinauf, wenn er auf dem Oberdeck nach links rennt, eilt sie unten nach rechts usw: es gibt kein augenfälligeres Beispiel für Keatons Kunst der Komik: wie exakt er arbeitet, wie präzise sein Timing, wie mathematisch seine Jagden, wie geometrisch seine Gags konstruiert sind, wie genau er und seine Mitspieler sich bewegen, wie er den Ablauf in fließende Bewegung setzt.
Dieses Hin-und-Her findet erst ein Ende, als Rollo durch einen Lüftungsschacht fällt und neben dem Mädchen landet. Seine

erste Frage: »Willst du mich jetzt heiraten?« Auf alle Fälle beginnen die beiden damit, das Schiff als trautes Heim einzurichten. Alle Gags der folgenden Sequenz beruhen darauf, daß die Gebrauchsgegenstände in der Schiffsküche nicht für zwei, sondern eher für zweihundert Menschen gedacht sind und dementsprechend gigantisch wirken im Verhältnis zu ihrer eher »familiären« Verwendung. In den riesigen Kaffeekannen sind die vier Bohnen genauso verlassen wie die beiden auf dem Dampfer; auch Busters berühmter Pionierblick – die rechte Hand als Sonnenschutz über den Augen – kann die zwei Eier im Riesentopf nicht mehr erspähen.
Diesen Kalamitäten entspricht später jene Sequenz, in der Rollo die Schwierigkeiten meistert, indem er eine Vielzahl technisch ausgeklügelter Systeme erfindet (z. B. den Rattenkäfig als Eierbehälter und die Säge als Büchsenöffner); Keaton

The Navigator

nimmt damit ein Motiv aus THE SCARECROW wieder auf. Rollos Vertrauen in die Kraft ist sogar so gewachsen, daß er als David den Kampf mit dem Schiffs-Goliath aufnimmt und glaubt, er könne seinen »Navigator« mit dem Rettungsboot abschleppen; aber der Regisseur Keaton zeigt mit einer einzigen Kamerabewegung, daß sein Held einer Illusion aufsitzt: von dem angestrengt rudernden Rollo gleitet die Kamera über das Abschleppseil auf das Riesenschiff zu, fährt dabei gleichzeitig in die Totale zurück. Der »Navigator« wird immer größer, das Bötchen immer kleiner. Von der Nahaufnahme zur Totalen: ein typischer, antiidealistischer Keaton-Gag.
Keatons Komik ist realistisch, gerade auch dort, wo sie surrealistisch wird. Eine der schönsten Sequenzen in THE NAVIGATOR belegt das. Das Schiff muß repariert werden. Rollo schlüpft (mit einer brennenden Zigarette zuerst) in den Taucheranzug, geht unter Wasser und beginnt am Meeresboden mit seiner Arbeit. Er stellt eine Sperre auf, befestigt das Schild »Danger – Man at Work«. Weil es sich so gehört, wäscht er sich ordentlich die Hände, wringt den Lappen aus und kippt das Schmutzwasser zur Seite. Wegen solcher grotesken Verfremdungen, wegen seines logischen Wahnsinns haben die Surrealisten ihn zurecht verehrt.
THE NAVIGATOR ist Keatons erster Film, in dem sein Held eine echte Entwicklung durchläuft. Rollo verläßt das Schiff als ein anderer. THE NAVIGATOR steckt voller »himmlischer Einfälle« (Herbert Ihering), die es verständlich erscheinen lassen, daß er unter Keatons Filmen der (auch finanziell) erfolgreichste wurde. Seine Produktion hat nur knapp über zweihunderttausend Dollar gekostet – davon allein fünfundzwanzig für den Kauf des Schiffes »Buford«. Schon in der ersten Verleihsaison spielte der Film über zwei Millionen ein, an denen Keaton, dessen Wochengage mittlerweile 2500 Dollar betrug, wie immer mit 25% beteiligt war.

Seven Chances. 1925

Jimmie Shannon bringt es nicht fertig, sich seinem Mädchen zu erklären. Die Nachricht, er könne sieben Millionen erben, wenn er bis zum Abend seines 27. Geburtstages verheiratet ist, stellt ihn also vor schier unlösbare Probleme. Dabei braucht er dringend Geld, um den Konkurs, auf den er und sein Partner zusteuern, abzuwenden. Er muß sich sputen, denn der Stichtag ist heute. Jimmie gibt sich alle Mühe, aber seine Versuche scheitern. Sein Partner hat die Idee mit einer Anzeige, aber das bringt ihm nicht eine, sondern gleich fünfhundert Bräute, denen er zwar nur noch mit Mühe entkommt, aber doch rechtzeitig genug, um doch noch in letzter Minute Braut und Erbschaft zu gewinnen.

SEVEN CHANCES basiert auf einem *Bühnenstück* von Roi Cooper Megrue, das schon 1916 am Broadway durchgefallen war. Joe Schenck, Produzent und Schwager Keatons, hatte die Rechte daran erworben und gab es Keaton, für den es »der Typ jener unglaubwürdigen Farce war, die ich nicht mochte«[17] und der es auch nach der Überarbeitung durch sein Gagteam Bruckman, Mitchell und Havez nur für ein »ganz hübsches Filmchen« hielt. Sicherlich gehört SEVEN CHANCES nicht zu den großen Werken, Anlage und Ausführung der Geschichte sind dafür zu wenig tragfähig. Auf der anderen Seite erscheint Keatons Urteil doch als ein sanftes Understatement.
Besonders gut läßt sich an SEVEN CHANCES Keatons Technik des Tempoaufbaus und der Temposteigerung beobachten. Dabei arbeitet er entweder mit der zunehmenden Verknappung und Verkürzung der Aktion oder mit einer immer größeren Beschleunigung im Ablauf, was zum totalen Kollaps führt. Zum ersten Typus gehört die Schilderung von Jimmies rührend-unbeholfenen Versuchen, im Country-Club eine Frau zu finden, die ihn heiraten will: Versuche, die von Mal zu Mal mehr Tapferkeit und Mut von ihm verlangen. Für jeden neuen Ansatz, bei jedem neuen Mädchen findet Keaton eine überraschende Variante für die Ablehnung. Die Werbungen nehmen immer weniger Zeit in Anspruch. Beim letzten Mal, er fragt nach den vornehmen Besucherinnen das Garderoben-Mädchen, sagt sie, die Jimmie schon lange beobachtet hat, »Nein«, bevor er überhaupt den Mund aufbekommt. Es sind freilich nicht nur Schadenfreude und Lachen, die Jimmie provoziert, sondern auch Trauer und Melancholie über die Vergeblichkeit seiner Bemühungen, über die Anstrengungen eines, der vielleicht doch »die Beziehung zum Leben« verloren hat[18].
In dieser Sequenz entwickelt er Aktivität, ist er hinter den Mädchen und Frauen her. Aber bald kehrt sich die Bewegung

Seven Chances

um: die von der Zeitungsanzeige seines Geschäftspartners angelockten Bräute verfolgen ihn. Jimmie hat sich in der leeren Kirche eingefunden, setzt sich in die erste Bank. Was dann passiert, könnte auch ein böser Traum sein. Es kommt eine Braut, aber dann kommt noch eine, dann kommen sie zu zweit, zu dritt und in ganzen Trauben, in Alltagskleidern und im Brautstaat, zu Fuß, mit dem Fahrrad, dem Auto und der Straßenbahn, mit Rollschuhen sogar, sich überholend, drängend; es kommen alte und junge, dicke und dünne, schwarze und weiße – alle mit der Zeitung in der Hand, geil nicht auf den schmucken Bräutigam, sondern auf seine Millionen.

Die Bräute packt der Zorn. Sie suchen ihr Opfer: Jimmie. Um ihnen zu entkommen, beginnt er zu rennen, wie nur Buster rennen kann, rennt schneller und schneller. Die Mänadenhorde, bereit ihn zu zerreißen, wenn sie ihn erwischt, spornt ihn zu Höchstleistungen an. Schließlich gerät er auf einen Abhang, auf dem Hunderte von Felsbrocken liegen, die sich in Bewegung setzen und ihn zu erschlagen drohen. Zwischen Skylla und Charybdis, kann er sich entscheiden, ob er lieber von den Frauen gelyncht oder von den Steinen erschlagen werden will. Buster versucht, beiden Möglichkeiten zu entrinnen – indem er die

Seven Chances

eine Masse als Schutz benutzt, während er vor der anderen flieht.
Erst in der Konfrontation mit der Masse findet Buster zu sich, vergißt er vorübergehend seine Schüchternheit. Die Masse als Monster: sie ist häufig der Gegner, der Buster herausfordert. Sie war es in COPS, sie wird es (wenn auch nicht so gewalttätig) im nächsten Film sein, in GO WEST. Wie die Kuhherde dort führt sich schon die Weiberstampede in SEVEN CHANCES auf. Von einem Kornfeld, durch das die Jagd geht, hinterläßt sie nur kahlen Boden; sie fällt eine komplette Rugbymannschaft und eine frische Mauer schleift sie im Vorbeirennen. Daß es in SEVEN CHANCES Frauen sind, aus denen die bedrohliche Masse besteht, hat seinen Grund nicht nur darin, daß Jimmie gerade eine Braut brauchte, sondern auch – biografisch –, daß Keatons Ehe immer mehr unter dem Matriarchat des Talmadge-Clans litt.
Die Lawinensequenz war übrigens ursprünglich nicht vorgesehen. In der ersten Fassung, bei der auch der romantische Schluß fehlte, waren es nur drei Felsen, die auf ihn losgelassen wurden. Erst nach einer Preview, wie sie in Hollywood als Test üblich war, entschloß er sich zur großen Jagd. Obwohl er nur Pappmaschee-Felsen benutzte, war die Szene nicht ganz ungefährlich,

denn auch ein mannshoher Pappbrocken in abschüssiger Bewegung hat genug tödliches Gewicht. Vor allem war es unmöglich, die Steinlawine unter Kontrolle zu halten. Als die Felsen gelöst waren, konnte Keaton niemand mehr helfen, er konnte nur noch laufen und springen und ausweichen. Kameramann Elgin Lessley dagegen mußte den Finger am Auslöseknopf halten und durchfilmen. Keaton kommt in der Totalen mit nur we-

Go West

nigen Schnitten aus. So gerne er mit dem Schnitt spielt und Tricks mit ihm macht, hier fühlte er sich, mit dem Berufsstolz des Akrobaten, zur darstellerischen Ehrlichkeit verpflichtet.

Go West. 1925

Weil ihn in der Stadt nichts mehr hält, befolgt Buster die Aufforderung einer Denkmalsinschrift: »Go West, Young Man«. So landet er schließlich im Westen und sucht einen Job. Ein Rancher stellt ihn als Cowboy ein. Die Kuh, die er melken soll, wird seine Freundin und fortan sind er und »Browneye« unzertrennlich. Als der Rancher gezwungen ist, die Herde zu verkaufen und in den Schlachthof zu transportieren, versucht Buster zuerst, Browneye zu retten. Als das nicht gelingt, begleitet er sie auf dem Transport, der von den Cowboys eines Rivalen überfallen wird. Buster ist allein mit der ganzen Herde auf dem Zug. In der Stadt angekommen, kümmert sich Buster erst einmal um Browneye. Die Herde strömt in alle Himmelsrichtungen. Buster probiert ein Teufelskostüm. Die Leitstiere werden von der roten Farbe gereizt und verfolgen ihn. So wird die in der Stadt verstreute Herde gesammelt und in den Schlachthof getrieben. Der dankbare Rancher gibt Buster einen Wunsch frei. Er möchte »sie« – nicht die Tochter des Farmer, sondern die Kuh.

Buster im Westen, in Arizona: GO WEST gehört zu den Filmen, in denen er am reinsten verkörpert, was James Agee in seinem berühmten Essay den »*frühen amerikanischen Archetyp*«[19] genannt hat, den Pionier: den Mann der Gelassenheit, der Ruhe, der Furchtlosigkeit, ein Mann mit dem Mut, auch Situationen zu meistern, für die er nicht vorbereitet und nicht ausgebildet ist. GO WEST, diese Aufforderung meint, sich mit Neuem und Unerwartetem konfrontieren zu lassen und es durch neu erlernte Regeln zu beherrschen. Die klassische Geste Busters, der Pionierblick, ist der knappste und schlüssigste Ausdruck dieser Haltung. Gleich zu Beginn des Films – Buster ist im Güterzug gefahren, das Faß, das er sich eingerichtet hat, rollt aus dem Wagen, zerbirst an einem Kaktus und er sitzt breitbeinig im Sand – sieht man ihn mit dieser Geste: die rechte Hand schützend über die Augen gelegt, den Blick in die ferne Ebene gerichtet. Es ist bezeichnend, daß Keaton, was er sonst oft ironisch meint, in GO WEST völlig ernsthaft tut. Hier wirkt der Pionierblick nicht aus dem Zusammenhang gerissen: nach der Auskundschaftung bricht er in die tiefe, weite, fremde und unbehauste Landschaft des Westens auf.
GO WEST ist ein verhältnismäßig zurückhaltender, »leiser« Film, er erweckt Sympathie, läßt eher schmunzeln als laut lachen: ein sentimentales, manchmal sogar pathetisches Werk. Buster heißt diesmal Friendless. Allein auf der Welt, wird er in der Stadt nur herumgestoßen und betrogen. Aber auch im Westen findet er keinen Anschluß unter den martialischen Cowboys. Um so schneller und um so lieber schließt er Freundschaft mit der Kuh Browneye, die ihn, nachdem er sie von einem Stein im Huf befreit hatte, vor einem bedrohlich auf Buster zurennenden Stier rettet und ihm nun überall hin folgt. In der Freundschaft mit dem Tier erfährt Buster eine Zuneigung, die ihm unter Menschen versagt geblieben war. Der Schlußgag ist eine Provokation. Aber die Erklärung, Busters Verhalten reflektiere Keatons negative Erfahrungen in seiner Ehe mit Na-

Go West

talie Talmadge, hat nicht mehr für sich, als die Interpretation seines Biographen Rudi Blesh[20], Keaton habe die ewige Suche nach einer guten, ihm ebenbürtigen Hauptdarstellerin satt gehabt und sei deswegen auf die Kuh gekommen, die ihm nach zehn Tagen Training denn wirklich treu und widerspruchslos ergeben war.

GO WEST besitzt nicht das Tempo der vorhergehenden Filme; es fehlen auch die tollkühnen Artistenstücke – sieht man davon ab, daß Buster auch hier auf seinem Lieblingsspielzeug Lokomotive virtuos herumturnt. Die Stampede am Schluß hat bei weitem nicht die irrwitzige Schnelligkeit wie vergleichbare Sequenzen in SHERLOCK JR. oder SEVEN CHANCES. Dennoch enthalten gerade die Stampede-Sequenz und ihr Vorfeld zahllose originelle Einfälle.

Wenn die Herde sich durch die Stadt wälzt und die Kühe in Türkische Bäder, Frisiersalons und Kaufhäuser eindringen, dann sind das Bilder, »die durch ihre Komposition und in der Explosivkraft ihres Ausdrucks jeden Surrealisten vor Neid erblassen lassen könnten«.[21] Sie erinnern an den später entstandenen »*L'Age d'or*« von *Luis Buñuel*, der ein großer Verehrer Buster Keatons war und möglicherweise von solchen surrealistischen Bildern angeregt wurde.

Battling Butler. 1926

Alfred Butler, der verwöhnte Millionär, geht aufs Land, um zu jagen und zu fischen. Begleitet wird er von seinem Butler, der ihm jeden Handgriff abnimmt. Als Alfred sich in die sportliche Tochter eines boxbegeisterten Farmers verliebt, wirbt Alfreds Butler für ihn mit der Lüge, es sei der gleichnamige Boxweltmeister, der um die Hand des Mädchens anhalte. Im Boxcamp geht der wirkliche Boxer auf die Täuschung ein, bis er später den unschuldigen Alfred mit seiner flatterhaften Frau in einer kompromittierenden Situation erwischt. Jetzt verlangt er von Alfred, ihn im Boxring zu vertreten. Alfred trainiert, um die Täuschung aufrechtzuerhalten – und wird doch nur selbst von dem Boxer getäuscht. Zuletzt kommt es zum Kampf, allerdings nicht im Ring, sondern in der Garderobe: Alfred gewinnt gegen den Champion, der ihn provoziert – sein verletzter Stolz gibt ihm ungeahnte, nahezu mörderische Kräfte.

BATTLING BUTLER setzt die Reflexion über die Sinnfälligkeit und Sinnlosigkeit von Regeln und Konventionen fort. Kaum ein Sujet eignet sich dafür besser als der Sport, wo die Beachtung der Regeln ebenso wesentlich ist wie das Ziel, zu gewinnen. Im Boxsport wird vielleicht am peinlichsten auf die Einhaltung oder Verletzung der Regeln geachtet. BATTLING BUTLER ist, wie viele Filme in der Mitte der zwanziger Jahre, auch ein Boxerfilm. Sein zarter Held kommt allerdings völlig unfreiwillig zu diesem brutalen Sport. Für sein Mädchen, dessen hünenhaften Vater und bärenstarke Brüder zählt einzig körperliche Stärke. So muß Alfred die Täuschung erfüllen, die sein Butler benutzte, um seinen Heiratswunsch zu verwirklichen.
BATTLING BUTLER liefert den überzeugendsten Beweis, daß Kracauer Unrecht hat, wenn er schreibt: »Indessen, gerade weil er töricht, ein dummer Hans, durch die tote Welt gepufft wird, kommt ihm die Hilfe im letzten Augenblick. Er sucht sie nicht, sie sucht ihn. Ein Zufall entreißt ihn den tausend Fährnissen,

eine unsichtbare Hand hilft ihm mitten in das amerikanische Liebesidyll hinein. Am Ende ist er der Hans im Glück.«[22] Aber es gibt eben keine unsichtbare Hand, es sei denn, sie stieße ihn ins Unglück, in die Bewährung, woraus er sich selbst, aus eigener Kraft, mit eigenem Kopf befreit. Wenn sich in Keatons Filmen einer schinden muß, wenn einer geschunden wird, dann ist es Buster. Er arbeitet sich aus den »Fährnissen« hervor. Er arbeitet und erfährt in seinen Filmen mehr als alle anderen Komiker in ihren Filmen.

Es genügt nicht, daß er normale Wege geht. Je intensiver er sich abmüht, desto kläglicher scheitert er – worüber die Zuschauer schadenfroh lachen. Freilich lachen sie nicht nur über die Untauglichkeit Busters, sondern öfter über die Untauglichkeit der Regeln, an denen er sich orientiert. »Ein … Bild … demonstriert die Denaturierung jeglicher Bewegung durch sinnloses Reglement noch treffender, weil es mit optischen Mitteln argumentiert: eine endlose Fläche umbrochener Erde mit Pfützen, im Vordergrund drei Männer, ein breiter und zwei

Battling Butler

winzige; sie wirken wie Frösche, die gerade zum Sprung ansetzen, sie können nämlich nur mit Mühe die Füße vom Boden heben, weil der Lehm sich zu flossenförmigen Gebilden um ihre Schuhe gesammelt hat. Die drei Figuren sind Buster mit Trainer und Diener beim Geländelauf ...«[23]

Alfred kann nie ein guter, er kann überhaupt kein Boxer werden. Erst als er bemerkt, ganz zufällig, daß seine Braut Zeugin seiner Demütigung ist, ändert er sich plötzlich. Nicht etwa die Liebe beflügelt ihn (sonst hätte er schon vorher stark sein müssen), sondern sein verletzter Stolz, sein Wunsch, eine Blamage zu vermeiden. Erst jetzt ist er motiviert, hat er soviel Kraft und Geschicklichkeit, daß er den viel Stärkeren zu Boden schicken kann.

Vergleicht man diese Boxszenen mit denen in Filmen anderer Komiker (z. B. Chaplins *Champion*) und auch mit der Darstellung des Sports in COLLEGE, so erkennt man, daß Keaton dem Boxen keine Komik abgewonnen hat, daß er ernsthaft, dramatisch und sogar verbissen inszeniert – und daß sein Alfred beim Kampf die Kontrolle über sich verliert. Die Kraft, die er hier entwickelt, steht anders als sonst bei Keaton nicht im richtigen Verhältnis zum Ziel; er ist hemmungslos, schlägt auf den Gegner ein, als der schon am Boden liegt. Der Alfred, den Keaton zeigt, hat wirklich die Besinnung verloren, die Tätigkeit, zu der er gezwungen wurde, das Boxen, hat ihn vertiert. Kaum ein anderer (amerikanischer) Film rechnet so deutlich mit dem Boxsport, diesem Männlichkeitswahn, ab wie BATTLING BUTLER.

Doch so faszinierend diese Auseinandersetzung ist: BATTLING BUTLER gehört zu den schwächeren Filmen Keatons. Zum Gelungensten gehört noch sein Anfang, der in Grundzügen an den NAVIGATOR erinnert und die charmanten Countryside-Szenen aus THE BALLOONATICS fortführt. Alfred, der Millionär, ist genauso unbeholfen wie Rollo Treadway, für das Jagen und Fischen so ungeeignet wie später für das Boxen. Sein Zelt ist eingerichtet wie eine Suite im Ritz, zum Diner zieht er sich um; ungeachtet des boshaften Tisches, der im Boden versinkt, treibt er Konversation. Kein Wunder, daß die Jagdversuche dieses Herrn nicht für die Tiere lebensgefährlich sind, sondern nur für ihn selbst und zufällige Passanten. Sein Butler ist der ideale Gehilfe für ihn: *Snitz Edwards*, der schon in SEVEN CHANCES mitspielte, wieselt eifrig um Buster herum; ängstlich bemüht, seinem Herrn alles aus dem Weg zu räumen, brockt er ihm doch die dicksten Suppen ein. Edwards Zitronengesicht, dessen Falten immerzu in Bewegung sind, steht in unerhört komischem Kontrast zu Busters unbeweglicher Miene.

The General

The General. 1926

Johnnie, stolzer Führer der Lokomotive »Der General«, ist mit Annabelle verlobt. Sie will ihn aber nur heiraten, wenn auch er, wie ihr Vater und ihre Brüder, sich einziehen läßt, um auf Seiten der Südstaaten im Bürgerkrieg zu kämpfen. Johnnie aber wird abgelehnt; er ist als Lokomotivführer nützlicher. Er ist zu stolz, um Annabelle den Grund für die Ablehnung zu sagen. Ein Jahr später. Annabelle, die ihn immer noch keines Blickes würdigt, fährt mit dem Zug des »General«, um ihren verwundeten Vater zu besuchen. Während eines Aufenthaltes stehlen verkleidete Nordstaatensoldaten den Zug und mit ihm Annabelle, die sich zufällig im Gepäckwagen aufgehalten hat. Johnnie macht sich an die Verfolgung seiner Lokomotive, zu Fuß zuerst, dann mit einem Hochrad, einer Draisine und schließlich mit einer anderen Lok, der »Texas«. Er dringt dabei tief ins Feindesland, sogar ins Hauptquartier des Gegners ein. Er befreit Annabelle, holt auch seinen »General« und wird nun selbst verfolgt von den Nordstaatlern auf der »Texas«. Er alarmiert die Südtruppen. Es kommt zur Schlacht, die ganz wesentlich von Johnnie entschieden wird. Als er auch noch den feindlichen Oberkommandierenden übergehen kann, darf er doch noch Soldat werden.

THE GENERAL geht auf einen historischen Vorfall zurück, den einer der Beteiligten, William Pittenger, in seinem 1868 erschienenen Buch *The Great Locomotive Chase* beschrieben hat. Im April 1862 hatte sich eine Gruppe von zwanzig Nordstaatensoldaten hinter die Linien der Südstaaten begeben, um eine Lokomotive zu stehlen, unterwegs Brücken und Schienen zu zerstören und den Nachschub des Gegners zu sabotieren. Die Besatzung der Lok machte sich unverzüglich an die Verfolgung und konnte die Entführer tatsächlich stellen. Soweit der Vorfall, von dem Keaton eines Tages durch seinen Gagman Bruckman erfuhr. Es war ein Stoff, wie er für ihn gar nicht idealer sein konnte; er enthält vieles von dem, was ihm immer wichtig war und was er liebte: eine Lokomotive, die so etwas wie die zweite Hauptrolle spielt; eine Verfolgungsjagd über fast den ganzen Film hin; der amerikanische Süden als Ort der Handlung; und eine Hauptfigur, die dem Charakter Busters wie auf den Leib geschneidert war. Wüßte man nicht von der Vorlage,

man könnte meinen, THE GENERAL sei die geniale und konzentrierte Bündelung der schönsten und reizvollsten Teile aus den vorhergegangenen Filmen. Der wichtigste Unterschied zum Buch ist der Blickwinkel des Film: während die Geschichte aus der Sicht der Nordstaaten geschrieben ist, hat Keaton, der die Reaktionen seines Publikums immer sehr genau in Rechnung stellte, vom Standpunkt des Südens aus erzählt.
THE GENERAL bot Keaton die Möglichkeit, seiner Begeisterung für Detailgenauigkeit freien Lauf zu lassen. Immer war er der Überzeugung, daß in seinen Filmen alles »stimmen« müsse: die Logik der Handlung ebenso wie die psychologische Glaubwürdigkeit seiner Figur, die Beschreibung des Ortes und der Zeit. Die drei Lokomotiven stammen aus der Zeit des Sezessionskrieges; sie wurden liebevoll aufpoliert. Selbstverständlich stimmen auch die historischen Kostüme; kaum etwas hat Buster so gut gestanden wie die Uniform des Lokführers, das Hemd mit dem offenen Kragen und den bauschigen Ärmeln. Johnnie ist eine weitere Verkörperung des Pioniers; in keinen Film hat Busters Gesicht so vollkommen »gepaßt«: es könnte einem zeitgenössischen Bild aus jener Zeit entnommen sein, als die Fotografie ebenso erfunden wurde wie die Lokomotive. Stolz konnte Keaton einmal antworten, als er gefragt wurde, warum sein GENERAL so viel authentischer wirke als der monumentale *Gone With The Wind:* »Nun, sie haben sich für ihren Film an einen Roman gehalten, ich aber – an die Geschichte.« Sein Bemühen um Authentizität ging so weit, daß er nicht irgendwelche Statisten engagierte, sondern richtige Soldaten. Und natürlich ist jene Szene, in der die Holzbrücke brennend unter der »Texas« zusammenbricht, kein Trick mit Modell-Miniaturen; man erzählt, daß die Lokomotive und die Reste der Brücke noch heute dort zu besichtigen sind.
Unzufrieden mit den originalen Schauplätzen in Atlanta und Georgia, drehte er den Film in Oregon. Dort fand er »Züge, die durch Täler und Berge fuhren, an kleinen Seen vorbei und entlang von Gebirgsbächen – alles, was wir haben wollten«.[24] Die Landschaft im GENERAL ist erfüllter, lebendiger Raum. Keaton gelang es fast noch überzeugender als in OUR HOSPITALITY, sie durch die Kunst seiner Fotografie einzubeziehen und zu historisieren. Die Bilder des GENERAL besitzen eine Authentizität wie die Aufnahmen des berühmten Bürgerkriegsfotografen *Matthew Brady,* sie wirken fast wie deren Zi-

The General

tate. Spätestens in THE GENERAL muß jeder erkennen, welche außerordentliche Bedeutung der Kameraarbeit in Keatons Filmen zugewachsen ist und wie vollkommen er sie beherrschte. Im Vergleich mit deren Beliebigkeit in den Filmen anderer

Komiker (Chaplin nicht ausgenommen) bestícht Keatons Sorgfalt, mit der er auch für die kleinste und nebensächlichste Einstellung einen interessanten und realistischen, »schönen« Hintergrund gesucht hat.

Oft staffelt sich das Bild im GENERAL dreifach. Im Vordergrund steht Buster auf seiner Lok und schuftet sich ab; im Hintergrund sieht man die Berge, die Bäume und den Himmel. Dazwischen bewegen sich die Soldaten gegen die Richtung von Busters Lok. Das sind Einstellungen, die in großer epischer Klarheit beschreiben, daß Buster nicht spazieren fährt, sondern sich im Krieg befindet und zwar ganz allein und gegen eine Übermacht. Es sind diese Einstellungen, die Robinson bewundernd die »Welles-Tiefenschärfen-Technik«[25] von Keaton nennt. Sie sind eine Vorwegnahme der »Inneren Montage«, der Montage innerhalb des Bildes, die damals nur Keaton praktiziert hatte. Daneben könnte man fast übersehen, daß die Kamera die Lokomotive immer sorgfältig in der Mitte des Bildes hält. Keaton hat Kevin Brownlow erzählt, daß die Kamera auf Autos gefahren wurde und daß man die Wege vor dem Auto oft sogar noch gekehrt hat, um jede Unebenheit zu vermeiden, damit diese erschütterungsfreien, schwebenden Bilder zustande kamen.

THE GENERAL befriedigte auch die Leidenschaft des heimlichen Ingenieurs Keaton, der zwar oft die Maschine als Gegner betrachtete, sie aber nie dämonisiert hat. Maschinen waren für ihn etwas Schönes und Nützliches – und die schönste Maschine ist für ihn die Lokomotive. Er hat seine Liebe zur Lokomotive, sooft er sie auch in anderen Filmen vorführte, nie derart in den Vordergrund gestellt wie im GENERAL. Schon der erste Zwischentitel erklärt: »Johnnie hat zwei Lieben«, die Lok und Annabelle. Und wenn man gesehen hat, mit welcher Zärtlichkeit die Kamera die Maschine abfährt, besteht auch gar kein Zweifel darüber, welches die größere dieser beiden Lieben ist. Es ist, um Kracauer zu zitieren, dieses »Fahrinstrument aus den ersten Tagen der Maschinenbaukunst, mit einem organischen Riesenauswuchs vorne oben, der sich bei näherer Betrachtung als sinnreiche Konstruktion aus einem Schornstein und einer Petroleumlampe entpuppt ... es ist ein anhängliches, lebendiges Wesen, das zu Buster in einem besonderen Vertrauensverhältnis steht ... Es hat Ecken, Kanten und Stege, auf denen er spazieren gehen kann, es hat einen geräumigen Puffer, auf dem

er sich in Musestunden, wenn die Fahrt glatt vonstatten geht, der Lektüre eines Lieblingsromans widmen mag.«[26]
Die Verfolgungsjagd gehört in der amerikanischen Komödie zu den beliebtesten Mitteln, das Tempo zu steigern: eine ideale Klimax, die Keaton perfekt inszenieren konnte. Im GENERAL zieht sich die Jagd fast über den ganzen Film hin, d.h. eigentlich sind es sogar zwei Jagden, die Buster einmal als Jäger und dann als Gejagten zeigen, und obwohl gerade die Ereignisse zwischen und nach ihnen (die Szenen im feindlichen Hauptquartier und bei und nach der Entscheidungsschlacht am Fluß) als Höhepunkte gedacht waren – in der Erinnerung bleiben nicht sie, sondern die langen Fahrten am intensivsten haften. Anders als in vielen Komödien, wo die Handlung nur zum Aufhänger von Gags dient und sich entsprechend hinquält, fließen im GENERAL, diesem epischen Film par excellance, alle Gags völlig zwanglos aus der Handlung, ergeben sie sich aus der Eisenbahnfahrt. Keaton hat keine Möglichkeit und keine Situation übersehen, aus der sich eine Pointe machen ließ; aber jeder einzelne Einfall hat seinen Platz auf der ansteigenden Linie der komischen Grundidee. Mit Hinterherrennen macht er sich an die Verfolgung, um bald zu einem Urgebilde von Hochrad zu greifen, dann zu einer Draisine[27]. Dann findet er die »Texas« und muß sie ganz allein in Bewegung setzen, heizen, Wasser nachfüllen. Einmal bleibt sie stehen, die Räder drehen durch; Buster legt Sand unter. Und während er die Hindernisse von seiner Strecke abräumt, plant er schon Fallen für später, wenn die Nordstaatler hinter ihm her sind. Da hat er freilich noch Annabelle dabei und sie ist ihm mindestens so sehr Hindernis wie eine Hilfe. Keine Beschreibung kann der Fülle dieser Gags und ihrem schnellen Witz gerecht werden.
Die Lösungen für die verzwickten Aufgaben, die Johnnie gestellt werden, sind verblüffend einfach. Vor allem findet er den Ausweg immer selber, mit seinem Kopf, und er setzt seinen Körper ein, um die Idee noch in dem Moment auszuführen, in dem er sie hat. Selbst ein Vorfall, der wie ein Wunder erscheint, trägt sich auf einer rationalen Basis zu – wie jene berühmte Szene, die schon die Böllerkanone des NAVIGATOR präludierte: Johnnie will mit der Kanone schießen, aber er weiß nicht, wieviel Pulver man dazu braucht. Der erste Versuch endet kläglich mit einem matten Herausplumpsen der Kugel. Auch beim zweiten Mal nimmt er zu wenig. Da packt ihn der

The General

Zorn, und er lädt mit dem ganzen Pulverfaß. Er zündet. Dann beeilt er sich, auf die Lok zurückzukommen – und verhackt sich in der Kette, welche den Kanonenwagen mit dem Tender der Lok verbindet. Er schüttelt und rüttelt, aber nicht er kommt frei, sondern nur der Anhänger mit der Kanone. Durch die Erschütterungen beginnt sich das Kanonenrohr immer tiefer zu senken, bis es auf ihn zeigt: der Alptraum des von seiner eigenen Waffe bedrohten Schützen. Jeden Augenblick kann das Geschütz losgehen. Nach Sekunden kann er sich doch noch befreien . Er flüchtet auf seiner Lok ganz nach vorne, zu den Puffern. Da kommt der Schuß – aber die Kugel fliegt an ihm vorbei und trifft den vor ihm fahrenden Zug der Feinde. Johnnie befand sich in diesem Augenblick mit seiner Lok gerade in einer Kurve. Hat der Zufall auch eingegriffen, die Ballistik folgt den Gesetzen der Schwerkraft und der Mathematik. Später, während der Schlacht, zieht Johnnie den Degen und hält nur das Heft in der Hand; die Scheide ist in hohem Bogen weggeflogen und trifft den feindlichen Scharfschützen, der schon auf Johnnie angelegt hatte.

In dieser Bewegung steckt freilich noch mehr. Er hat sie dem

Kommandanten abgeschaut. Er ahmt sie nach, weil er glaubt, daß solche Gesten machen müsse, wer Befehle geben will. Obgleich die Komik hier sogar den Tod einbezieht – Keaton hat wieder seinen Spott mit sinnentleerten Regeln getrieben. THE GENERAL ist oft vorgeworfen worden, er verharmlose den Krieg. Sicher ist THE GENERAL nicht ein Film gegen den Krieg wie *Duck Soup* von den Marx-Brothers. Oft erscheint der Krieg im GENERAL als ein fröhliches Durcheinander, als ein Zweikampf von Mann zu Mann. Aber auf jeden Fall richtet sich THE GENERAL, wenn nicht gegen den Krieg, so doch gegen jene, die in inszenieren. Die Militärs, besonders die Offiziere, gibt er der Lächerlichkeit preis. Gegen ihren eitlen, dummen Professionalismus (»Wenn ich sage, die Brücke hält, dann hält sie!«) setzt er das Genie des durch die Liebe, durch die zwei Lieben zum unbedingten Sieg geführten Amateurs.

College. 1927

Ronald hat das Abitur bestanden. Als Klassenbester darf er die Abschlußrede halten. Sein Thema ist »Geist gegen Körper«, und er gewinnt mit seinen Ausführungen zwar den Beifall der Pädagogen, aber nicht den der Mitschüler. Auch seine Angebetete gibt ihm den Laufpaß. Er merkt, daß er an der sportverrückten Universität gegen den Athleten um die Gunst des Mädchens nicht konkurrieren kann und läßt die Wissenschaft, um es mit dem Sport zu versuchen. Mit entsetzlichen Ergebnissen natürlich. In die Rudermannschaft wird er nur aufgenommen, weil der Rektor, der als reumütiger Junggeselle mit ihm Mitleid hat, es dem Trainer befiehlt und ein Sabotageakt seiner Kollegen gegen ihn mißlingt. Dennoch verdanken sie ihm, daß sie gewinnen. Ein Meistersportler wird er aber erst, als er das Mädchen befreien muß, das der athletische Nebenbuhler eingesperrt hat, um es zur Heirat zu zwingen.

Die Verspottung der Spezialisten, der Profis wird fortgesetzt in COLLEGE, der damit zugleich an den Schluß des GENERAL anknüpft und das Sportthema von BATTLING BUTLER wieder aufnimmt. Hatte sich Keaton in BATTLING BUTLER auf das Boxen beschränkt, so zieht er jetzt gegen den Sport als Ideologie, als Inbegriff amerikanischer Lebensauffassung zu Felde – erstaunlich genug für jemand, der zeit seines Lebens ein begeisterter

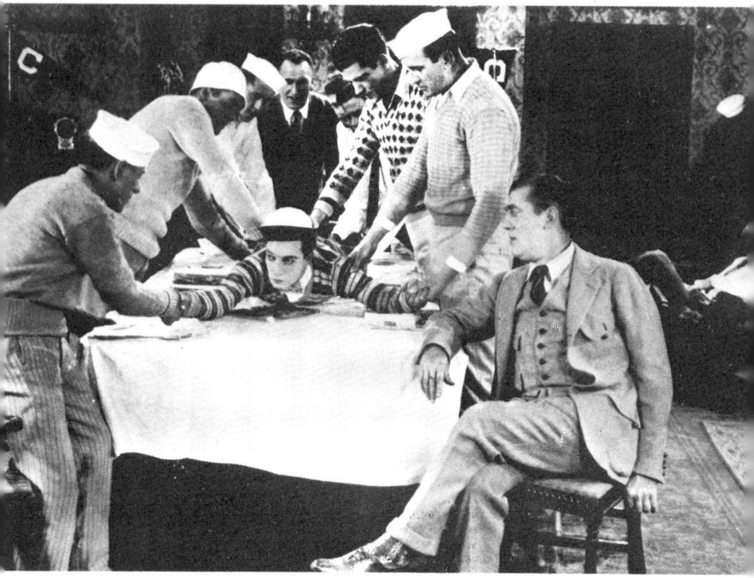

College

Sportler, dessen größte Leidenschaft neben dem Filmemachen das Baseballspiel war und der sogar den Bruch mit Louis B. Meyer, dem Boss der MGM, riskierte, weil er lieber als Maskottchen einer Baseballmannschaft auftreten wollte als in irgendeinem Job, den sich Meyer gerade für den gleichen Tag überlegt hatte.

COLLEGE ist die glänzendste Sportparodie der Filmgeschichte. Aber bevor Keaton die Vertreter des gesunden Körpers verulkt, bekommen erst einmal die vom gesunden Geist ihr Fett. Schon das Thema von Ronalds Abiturrede gibt die Einstimmung, mit Sprüchen wie »Was hat Babe Dempsey für die Wissenschaft getan?« oder »Zukünftige Generationen sind auf den Verstand angewiesen und nicht auf das Diskuswerfen«. Solch einen Antagonismus konnte Kaeton nicht akzeptieren. In seinen besten Momenten ist Buster eben deshalb der Überlegene, weil er nicht nur blind körperlich aktiv wird, sondern seinen Verstand gebraucht. Aber die beste Idee nützt ihm nichts, solange die vollkommene Koordination aller körperlichen Fähigkeiten nicht für ihre perfekte Anwendung garantiert. Der Spe-

zialist Ronald, ein Bücherwurm, verdient die Verachtung und den Spott des Zuschauers ebenso wie der einfältige Rivale. Auf dem Weg zur Abiturfeier ist Ronald in den Regen gekommen. Sein Sommerschlußverkaufsanzug verträgt die Wärme während seiner Rede nicht. Denn der Anzug trocknet so sichtbar, daß er zuerst die Manschetten sehen läßt und dann den Bauch. Titel: »Wenn ich meine Bücher nicht hätte!« Ein ziemlich gemeiner Ronald, sondern auch für den durchtrainierten Athleten Keaton sozial Schächere ungeschützt dem Lachen ausgeliefert wird. Das abweisende Verhalten seiner Angebeteten lehrt Ronald schnell, daß der den Gegensatz von Geist und Körper nicht aufrechterhalten darf, wenn er bei ihr Erfolg haben will. Also besorgt er sich eine Menge von »How to learn«-Büchern. Aber das hilft ihm nicht weiter. Und auch der veritable Baseballanzug, den er trotz seiner Armut vorzuweisen hat, bietet für seine Mitspieler noch keine Garantie für Ronalds sportliche Brauchbarkeit. Sie stoßen ihn herum und quälen ihn so, daß er sich entsetzt mit einem großen Sprung in die schützenden Arme des Coach flüchtet (*Jerry Lewis* wird ihm später darin oft folgen). Wenn er am Schluß dann plötzlich alle sportlichen Fähigkeiten mit Leichtigkeit beherrscht, dann nicht, weil er sie sich inzwischen durch fortgesetztes Training doch noch angeeignet hätte; nicht weil er sportliche Talente entfaltet hat, kann er sein Mädchen befreien; nein, weil er sie befreien muß, kann er plötzlich schnell laufen und hoch springen. »Nirgends sonst erweist sich Buster so eindeutig als das Gegenbild *Harold Lloyds*, des Überadaptierten unter den Komikern. In *The Freshman* behandelte dieser, zwei Jahre zuvor, dasselbe Thema. Aber Harold buhlt um den Beifall des Kollektivs, das womöglich noch grausamer erscheint als bei Keaton; er siegt schließlich im sportlichen Wettkampf, indem er durch übermenschliche Anstrengung und Härte im Nehmen die anderen noch übertrifft. Sein Sieg ist die geglückte Anlassung. Busters Sieg dagegen ist die Bewährung von Kopf und Herz im Dienst der Liebe.«[28]
In COLLEGE konnte Keaton erneut mit seinen athletischen Fähigkeiten brillieren – und man weiß nicht, wo man sie mehr bewundern soll: in der langen Sequenz, die sein Scheitern in den verschiedenen Disziplinen variiert, oder im Sturmlauf des Schlusses, in dem er sie – jetzt haben sie eine Funktion und sind nicht mehr l'art pour l'art – so vollendet anwendet. Er, der vorher von streitenden Kindern mit Leichtigkeit eingeholt

wurde, läuft nun die Langstrecke, als ob sie ein Sprint wäre. Und während er zuvor kaum die Füße vom Boden bekam, überwindet er jetzt meterhohe Hecken mit Leichtigkeit[29]. Dieser Lauf wird nur von wenigen Schnitten unterbrochen. Die Kamera fährt neben dem rennenden Buster her. Wie immer hat Keaton darauf bestanden, keine Tricks durch Veränderung der Drehgeschwindigkeit bei Aufnahme und Wiedergabe anzuwenden. Ein triumphaler Lauf, nicht nur für den siegreichen Ronald, sondern auch für den durchtrainierten Athleten Keaton.

Noch anstrengender scheinen aber doch die Szenen des Mißlingens gewesen zu sein. Sie sind das überragende Stück des Films. Sie reißen die tiefe Kluft auf, in die Keatons Komik den Zuschauer stürzt. Man lacht über den schuftenden Körper Busters und ist betroffen von dem Gesicht, das starr bleibt, stur vor Anstrengung. In den traurigen Augen scheint ein Vorwurf zu liegen. Die tragische Dimension in dieser Komik wird durch die Fotografie in COLLEGE vollendet. Nicht umsonst spricht *Buñuel* in seiner begeisterten Kritik zu dem Film von »Photogenie«[30]. Keatons Gags sind komisch genug, aber ihren letzten Schliff erhalten sie doch fast immer erst durch die Fotografie, durch den raffinierten Wechsel zwischen Großaufnahme und Totalen oder durch eine pointierte Perspektive. Busters Versuche, die 110 Meter Hürdenstrecke zu laufen, sind dafür ein Paradebeispiel: Man sieht ihn über die Strecke gehen, in amerikanischen Einstellungen, die Kamera fährt neben dem Laufenden her, der die erste Hürde reißt, auch die zweite und so fort. Das Ausmaß der Katastrophe wird erst durch eine neue Einstellung sichtbar. Buster steht im Auslauf und die Kamera zeigt die Strecke, die er zurückgelegt hat. Alle Hürden liegen, nur die letzte steht. In einer Aufwallung, voll Zorn und Verzweiflung, geht Buster hin und wirft sie auch noch um. Oder: Der kleine Buster in dem großen Stadion, vor der bedrängenden Leere der Ränge und des Himmels: es sind Bilder, die seine unendliche Einsamkeit formulieren.

Ronalds Training läßt auch die Gagentwicklung erkennen, den Aufbau und das Timing der Gags. Dabei liegt die Wirkung nicht allein in der kontrollierten Darstellung Keatons, sondern wieder in einem filmischen Mittel: in der Montage, »dem goldenen Schlüssel des Films« (*Buñuel*). Jeder Gag wird lange vorbereitet. Keaton nimmt einen Anlauf – wie, ganz wörtlich, in der

Hochsprungsszene. In ihr zelebriert er das ganze weihevolle Ritual. Er legt zuerst mit viel Mühe die Latte, geht zurück, schätzt die Entfernung für den Lauf, geht noch ein paar Schritte weiter zurück. Dann läuft er an. Aber in diesem Moment fällt die Latte, von ganz allein. Er wiederholt den Anlauf. Jetzt kommt der Sprung – aber er endet ganz anders als erwartet. In einem Gespräch im Jahre 1930 hat Keaton einmal seine »komische Technik« verraten, die er in solchen Szenen anwendet: »Die beste Methode, einen Lacher zu erzielen, besteht darin, zunächst eine echte Erregung zu schaffen und dann die Spannung durch Komik zu befreien. Das Bemühen, Gelächter zu erzielen, ist von dem Element der Überraschung abhängig. Es wird immer schwieriger und schwieriger, das Publikum zu überraschen, denn da es immer mehr Filme sieht, wird es mehr und mehr an die Komödie gewöhnt. Aber wenn man eine echte Spannung schafft, sie immer mehr steigert und sie dann in eine lächerliche Situation umschlagen läßt, dann hat man immer ein Überraschungsmoment.«[31]
Als Ganzes fällt COLLEGE hinter THE GENERAL zurück. Nicht selten hat man den Eindruck, als verarbeite er manche Einfälle nur, um die Geschichte zu strecken. Öfter unterbrechen unmotivierte Einlagen das zentrale Thema: die Dialektik von Körper und Geist. Dazu gehören etwa Ronalds Tätigkeit als Barmixer und eingeschwärzter Negerkellner in einem Restaurant, und sein unfreiwilliges Fensterln bei der sittenstrengen Gouvernante. Besser sind die Gags während des Rennens der Achter mit Steuermann in die Handlung integriert. Nachdem Ronald zuerst ein Boot (selbstverständlich heißt es »Damfino«) zugrundegerichtet hat, gelingt es ihm später, das Boot, in dem er Steuermann ist, aus der Bahn zu dirigieren. Nur dadurch, daß er sich selbst zu einem lebenden Steuer macht, sichert er den Sieg. COLLEGE endet mit einer Reihe von Überblendungen, die den weiteren Lebensweg des Paares markieren, und dem Bild zweier Gräber: ein skeptischer Schluß, der in keinem Zusammenhang mit dem Film steht.

Steamboat Bill Jr. 1928

William Canfield, bekannt als Steamboat Bill, bekommt einen Konkurrenten auf dem River Junction: J. J. King, den reichsten Mann der Stadt. King hat einen nagelneuen Dampfer in Betrieb genommen und will den altmodischen Bill mit seinem brüchigen Kahn ruinieren. Bill braucht Helfer und hofft, in seinem Sohn Willie einen zu bekommen. Er hatte seinen Sohn seit dessen Geburt nicht mehr gesehen. Als Willie ankommt, stellt Bill zu seiner Enttäuschung fest, daß Willie ein studierter Schwächling ist, der sich zu allem Unglück auch noch in Kings Tochter verliebt hat. Es muß erst ein Zyklon alles durcheinanderwirbeln, ehe Vater Bill davon überzeugt ist, daß Willie auf seine Weise doch ein brauchbarer Sohn ist.

»In seinem neuen Film ist Buster Keaton, offenbar unter dem Einfluß Chaplins, merklich gereift«, schrieb 1928 *Siegfried Kracauer*[32], der auf Busters unbewegtem Gesicht nur das Fehlen des Lachens sah und ihm einmal vorwarf, er sei »in Gedankenlosigkeit vertieft«. Keaton ist in STEAMBOAT BILL JR. gegenüber seinen früheren Filmen keineswegs gereift (schon gar nicht unter dem Einfluß Chaplins). In seinen besten Teilen enthält STEAMBOAT BILL JR. all das, was die besten seiner langen Filme und die schönsten seiner Zwei-Akter ausgezeichnet hatte. Allenfalls manches frühere Motiv kam hier zur »Reife«.
Es fällt auf, daß die schönsten Filme Keatons im amerikanischen Süden spielen: OUR HOSPITALITY, GO WEST, THE PALEFACE und THE GENERAL. Auch über STEAMBOAT BILL JR. liegt wieder das »Parfüm des Südens«[33]. Eine Geschichte, wie von *Mark Twain* erzählt: aus den alten Tagen am großen Fluß. Ort des Geschehens: der Mississippi (wenn auch am Sacramento River gedreht wurde), in einer Zeit des Übergangs, in der das Alte dem Neuen nicht mehr standhielt. Die richtige Vorlage also für Keaton und für seine Leidenschaft, überzeugende historische Authentizität zu schaffen. Sie reicht von den Kostümen bis zu den beiden Raddampfern, die er suchen und umbauen ließ. Auch ein Pier mußte gebaut werden und ein ganzer Ort dazu.
Busters Gegner ist diesmal nicht eine Maschine oder eine Masse, sondern der eigene Vater und – später – ein Zyklon. Keine Frage, daß Willie, einmal gefordert, seine Bewährungsproben besteht. Sein Vater, ein Bär von einem Mann, hatte einen Sohn erwartet, der ihm gleicht. Dieser vertrottelte, kindische Student mit einem lächerlichen Bärtchen und einem ebenso lächerlichen Barett auf dem Kopf kann wohl nicht sein

Steamboat Bill Jr.

Sohn sein. Um wenigstens sein Erscheinungsbild zu ändern, kauft ihm der Vater eine neue Mütze. Schon das Anprobieren wird zu einer Machtprobe zwischen Vater und Sohn. Der Vater setzt sich gleichwohl durch, zunächst zumindest. Aber auf der Straße wird die neue Mütze von einem Windstoß weggeweht, und Willie kann wieder sein geliebtes Studentenbarett aufsetzen. Zum ersten Mal greift der Wind hilfreich ein. Später, zum Zyklon gesteigert, tritt er als Gegner auf. Der Kampf gegen den Zyklon ersetzt in STEAMBOAT BILL JR. die übliche Verfolgungsjagd. Das Naturereignis bringt alle Verhältnisse durcheinander, zerstört die alten, falschen, überholten Bindungen und gibt Willie die Chance, sich zu beweisen und damit eine neue Harmonie herzustellen. In diesem Kampf inszeniert Keaton einige seiner atemberaubendsten Szenen. Immer wieder rennt Willie gegen den Wind an, um mit seltsamsten Verrenkungen doch immer nur dort zu landen, wo er abgesprungen war – oder ein Stück dahinter. Aber diese Stürze, die etwas von der rabiaten Energie eines gegen die Gummiwand Stürmenden besitzen und Ausdruck der Angst und gleichzeitig des Trotzes des Kämpfenden sind, setzen eher Pausen und Ruhepunkte in einer Sequenz, deren Einstellungsfolge in so mörderischem Tempo abläuft, daß der Zuschauer genauso viel Mühe hat, alles mitzubekommen, wie Buster, es unverletzt zu überstehen.

Das »mörderisch« ist durchaus wörtlich zu verstehen, zumindest für die spektakuläre Szene, in der hinter Willie eine ganze Hauswand ein- und auf ihn zustürzt. Man sieht, daß Buster nur deshalb noch am Leben ist, weil Keaton genau gerechnet hatte: Buster stand da, wo in der umkippenden Hauswand der »Zimmermann das Loch gelassen hatte«. Keaton hat diesen Trick öfter verwendet. In BACKSTAGE war es »nur« eine Bühnendekoration und in ONE WEEK »nur« eine Bretterwand. In STEAMBOAT BILL JR. ist es ein zweistöckiges Gebäude, und das Gewicht der Wand betrug mehr als zwei Tonnen. Keaton und sein Techniker Fred Gabourie hatten nicht nur die notwendige Windstärke des Westinghouse-Gebläses, sondern auch die Größe des Fensters, in dessen Freiraum Buster stand, exakt bestimmt. Der Spielraum war nicht größer als fünf Zentimeter nach jeder Seite. Die Aufnahme mußte beim ersten Mal gelingen, weil man »so eine Sache nicht zweimal macht« (Keaton).

Buster in Keatons Filmen hat sich immer auf seinen Kopf und

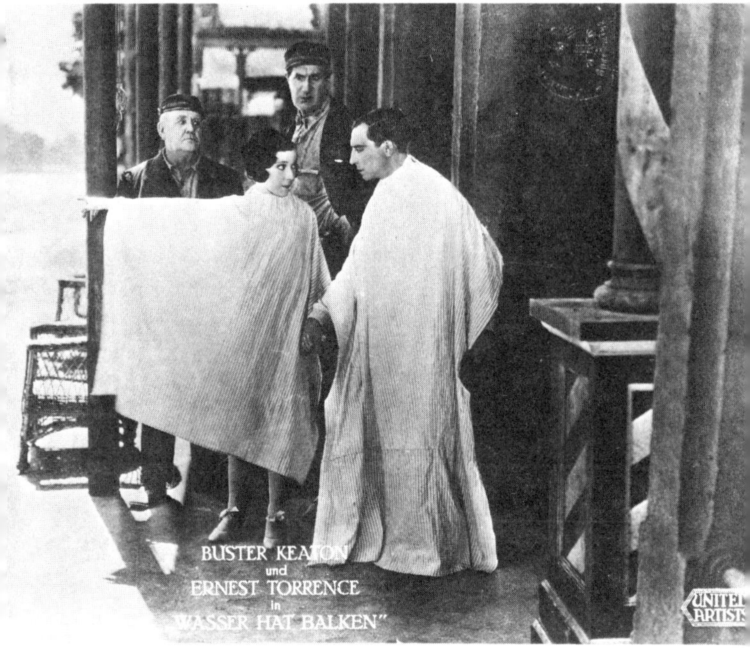

Steamboat Bill Jr.

seine Muskeln verlassen, in die er ein unbegrenztes Vertrauen setzt: ein sehr amerikanisches, sehr positivistisches Vertrauen, pragmatisch und von unbegrenztem Glauben an die Technik geprägt. Manchmal freilich ist auch Buster auf ein Wunder angewiesen oder, schlichter, auf den Zufall. Daß er den Zyklon übersteht, hat er nicht nur der eigenen Kraft und Geschicklichkeit zu verdanken. Er ist noch einmal davongekommen. Aber muß man unbedingt metaphysische Erklärungen bemühen? Schon früher gab es in seinen Filmen Szenen, in denen die Erlebnisse des Helden traumatischen Charakter besaßen. Keatons Lebensphilosophie ist nicht fatalistisch, gerade dann nicht, wenn er seine Figur einer Folge von Katastrophen aussetzt. Das widerspricht nicht seinem grundsätzlichen Realismus, der eben auch die Angst, den Traum, den Alptraum umgreift. Ein Alptraum ist die Zyklonsequenz in STEAMBOAT BILL JR.; ein unerhört glaubwürdig geschilderter Alp. Schon nach wenigen Minuten sieht man keinen Menschen außer Buster. Nur gegen

Ende treiben Menschen im Strom, nur ihre Köpfe kann man wahrnehmen – auch das gehört zu Bildern, die der Traumforschung vertraut sind. Es ist möglich, daß Keaton hier an einige traumatische Erlebnisse aus seiner Kindheit erinnert. Sein Geburtsort Piqua soll von einem Zyklon zerstört worden sein. Es wird auch erzählt, er sei als Säugling während eines Wirbelsturmes aus dem Bett gerissen und über die Straße getragen worden.
Ursprünglich freilich wollte Keaton gar keinen Zyklon als Höhepunkt und Bewährungsprobe, sondern eine Flutkatastrophe. Seine Produzenten und Berater lehnten den Plan ab. Die Auseinandersetzung mit seinen Produzenten ist ein Indiz: STEAMBOAT BILL JR. war Keatons letzter Film, den er frei und unabhängig und im großen und ganzen nach seinen Vorstellungen drehen konnte. Die Eingriffe in seine Freiheit jedoch, die Restriktionen durch die sogenannten »Beratungen« hatten bereits begonnen, schon vor diesem Film. Sie nahmen sehr schnell zu und ruinierten ihn am Ende als freien Produzenten ebenso wie als Filmschöpfer. Im Rückblick wirkt STEAMBOAT BILL JR. wie ein Vermächtnis.

The Cameraman. 1928

Buster ist Straßenfotograf. Eines Tages fotografiert er ein Mädchen, in das er sich sofort verliebt: Sally, Sekretärin bei MGM-News. Sie bringt Buster auf die Idee, seinen Fotoapparat mit einer Filmkamera zu vertauschen und Wochenschaukameramann zu werden. Die Bosse von MGM haben aber keine Verwendung für ihn. Sally versucht ihm zu helfen, indem sie ihm Tips zuspielt. Aber die Ergebnisse, die er bringt, sind so katastrophal wie das Ende des Rendezvous, das sie ihm dennoch gewährt. Von Sally erfährt er von einem bevorstehenden Kampf zwischen zwei Gangs in China-Town. Mit einem Affen, den er sich zufällig aufgehalst hat, beginnt er die Arbeit. Heimlich nimmt der Affe den belichteten Film aus der Kamera, so daß Buster bei der Projektion meint, er habe vergessen, einen Film einzulegen. Am nächsten Tag filmt Buster eine Regatta. Er wird Zeuge, wie durch die Schuld seines Rivalen Sally zu ertrinken droht, und rettet das Mädchen. Als er geht, um Medikamente zu besorgen, behauptet der eigennützige Rivale, er habe sie gerettet. Doch der clevere Affe hat alles heimlich mitgedreht. Es wird der Film, der den Durchbruch bringt, bei Sally und bei der Filmfirma. Denn bei der Vorführung taucht auch der vermißte Film aus China-Town auf.

In Interviews hat Keaton immer wieder betont, er habe 1928 den schwersten Fehler seines Lebens begangen. Auf den Rat Joe Schencks, seines Schwagers und Produzenten, aber gegen die Warnung seiner Kollegen Chaplin und Lloyd, verkaufte Keaton seine eigene Firma, um Angestellter des neuen Branchenriesen MGM zu werden. Allzu bald mußte er erkennen, daß er mehr verkauft hatte als seine Firma: seine Freiheit. Alle seine Filme seit 1920, seit HIGH SIGN, hatte er allein produziert und hatte sie nur zum Verleih anderen überlassen, der Metro, dann der First National und, die letzten drei, der United Artists. Als Angestellter bei MGM verlor er zuerst sein eingespieltes Team, dann wurde ihm seine Arbeitsmethode verboten, die auf Improvisation und Spontaneität angewiesen war.
Die Auseinandersetzungen mit Schenck während der Arbeit an STEAMBOAT BILL JR. waren nur eine Vorstufe der jetzt eintretenden Demütigungen, ebenso die Frechheit seines ehemaligen Publicity-Agenten Brand, der sich heimlich als »Supervisor« in den Vorspann von COLLEGE geschmuggelt hatte. Bei der MGM rächte es sich, daß Keaton die Nennung von Co-Regisseuren zugelassen hatte, obgleich sie allenfalls nur die Ausführung der Dreharbeiten überwachten, wenn er vor der Kamera stand. Die Vorgeschichte von THE CAMERAMAN besteht aus einer fortgesetzten Folge von Beleidigungen. Zuerst mußte er sich gefallen lassen, daß man ein festes, geschriebenes Buch verlangte, wie er es noch nie gebraucht hatte. Für dieses Buch wurde ihm ein Stab von 25 Mitarbeitern beigeordnet, die alle in der Gag-Produktion mitreden wollten, ihn aber nur behinderten und seine Ideen verwässerten. Denn THE CAMERAMAN basiert, so unwahrscheinlich es erscheinen mag, auf einer Story Keatons. Er hat sie bei Irving Thalberg, dem Produktionschef der MGM, durchgesetzt, nachdem ihm eine andere (seiner Meinung nach bessere) abgelehnt worden war.
Bedenkt man diese Produktionsbedingungen, dann versteht man vielleicht, warum sich Keaton den naheliegendsten Stoff gewählt hat: den Film selbst. Aber von dem naiven, unschuldigen Spiel mit den Wundern der Filmtechnik ist in THE CAMERAMAN nur wenig geblieben. Die wenigen Szenen, in denen

The Cameraman

er sich hier wehmütig an die Anfangszeiten der Kinemathographie erinnert, sind vielleicht noch bitterer als der ganz direkte Hinweis, daß die Firma MGM für diesen Filmemacher kaum Verwendung finden kann. Denn Buster, der Kameramann, trägt die Züge Keatons, des Filmemachers, auch darin, daß er von seiner Begeisterung für seine Arbeit nicht lassen kann, obgleich er unter den Herren hinter dem Schreibtisch zu leiden hat. Wenn er sich am Schluß dennoch durchsetzt, entlarvt er gleichzeitig die Arroganz der Produzenten und ihrer Handlanger, der phantasielosen Herunterkurbler; wieder einmal feiert Buster den Triumph des Außenseiters über die Fachidioten.
Nicht allein dadurch gehört THE CAMERAMAN zu den echten Keatonfilmen. Es ist auch wieder ein Film über die Angst. Bu-

The Cameraman

ster durchlebt den Alptraum jedes Kameramannes, der sich darin verdichtet, daß im entscheidenden Moment die Kamera versagt oder daß er vergessen hat, einen Film einzulegen. Denn nicht jeder Kameramann hat einen Affen als deus ex machina, der die Filmrolle wechselt und bei der Rettung Sallys aus Seenot die Tapferkeit Busters und die Feigheit seines Rivalen filmt. Die Szenen, die der Affe gedreht hat, verraten (zum letzten Mal in Keatons Filmen) das fotografische Genie ihres Regisseurs. Als Buster nach seinem lebensgefährlichen Einsatz das Mädchen am Strand zurückgelassen hatte, um Medikamente zu holen, findet er Sally bei seiner Rückkunft nicht mehr vor. Buster sinkt in die Knie, die Arzneischachteln bröckeln ihm aus der Hand: eine winzige Figur auf dem weiten Strand, vor dem

grauen Wasser und dem Himmel. Eine Totale, aussagekräftiger als jeder Satz eines Zwischentitels.
Keiner seiner späteren Filme gibt noch einmal so vollkommen Auskunft über die Figur Busters. THE CAMERAMAN enthält noch einige Gags, die dem Charakter dieser Figur entsprechen. Zu den schönsten zählt das Telefonat Busters mit Sally. Sie hält ihn zunächst hin. Gespannt wartet Buster am Sonntag auf ihren Anruf. Als es klingelt, rast er von seinem Zimmer im fünften Stock zum Telefon im Erdgeschloß. Fehlalarm. Enttäuscht und versonnen steigt er wieder nach oben und landet – auf dem Dachboden. Da läutet es wieder, diesmal muß es für ihn sein. Und er rennt los – bis in den Keller. Schon nach dem ersten Wort Sallys läßt er den Hörer fallen und läuft zu ihr. Er kommt

The Cameraman

bei ihr an, als sie noch mit ihm zu telefonieren glaubt. Dieses Hinausschießen über das Ziel: das ist der alte Buster. Dennoch kann man der Meinung nicht zustimmen, THE CAMERAMAN sei der letzte echte Keaton-Film. Es sollte doch zu denken geben, daß hier bemerkenswert oft der Zufall eingreift; daß so wenig geschieht, was die volle Entfaltung von Busters Energie provoziert und fordert. Ein bißchen Ehrgeiz wird durch die Liebe zu Sally in ihm geweckt. Aber auch das unterscheidet sich von den früheren Filmen, wo es nicht so sehr die Frau war, die ihn in Bewegung setzte, sondern Motive wie Ritterlichkeit oder Selbstachtung. THE CAMERAMAN ist nicht mehr als ein »Echo«: mehr eine »Buster-Anthologie als ein Buster-Film . . . Dem Drehbuch merkt man in jedem Detail an, daß seine Verfasser sich sagten: wir machen Buster-Situationen. Es war schon interpretierter Buster . . .«[34]

Spite Marriage. 1929

Elmer ist Bügler. Er hat sich in die Schauspielerin Trilby Dew verliebt. Seit Wochen sitzt er im geliehenen Frack jeden Abend in der ersten Reihe des Theaters, in dem Trilby auftritt. Eines Abends darf er, durch Zufall, eine Statistenrolle übernehmen. Aber er schmeißt seine Szene im wahrsten Sinn des Wortes. Dennoch heiratet ihn Trilby, aber nicht aus Liebe, wie er leider erst nach der Hochzeitsnacht merkt, sondern um sich an einem Freund zu rächen. Nach der Hochzeitsnacht, die er vor allem damit verbracht hat, seine alkoholvergiftete Frau ins Bett zu bugsieren, verläßt er sie enttäuscht und heuert auf einem Schiff an. Als Matrose hat er später Gelegenheit, Trilby aus der Gewalt von Schmugglern zu befreien. Da merkt sie, daß sie doch nur ihn liebt.

THE CAMERAMAN wurde ein großer finanzieller Erfolg. Jahrelang verwendete die MGM ihn als obligatorischen Trainingsfilm für neue Komiker. Man lobte ihn und zollte ihm Anerkennung. Nur einem sagte man nichts davon: Keaton. Seine Position innerhalb der MGM wurde immer schlechter. Es kam zu harten Konfrontationen mit Louis B. Meyer, weil Keaton sich nicht an die Studiobürokratie gewöhnen konnte, sich nicht an den »Dienstweg« hielt, die ihm zugeteilten Mitarbeiter

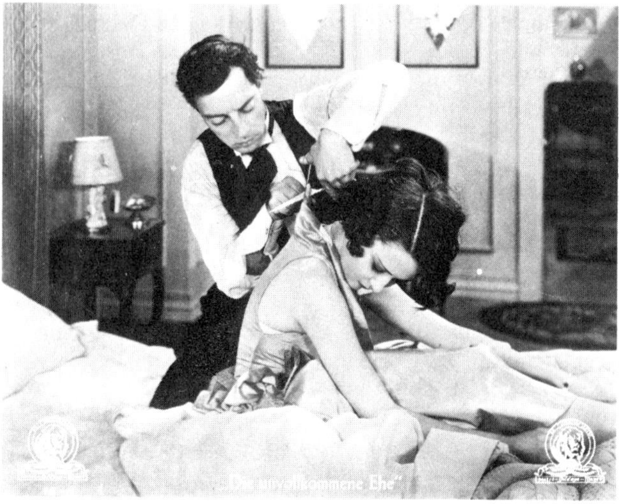

Spite Marriage

überging und lieber direkt mit Irving Thalberg, dem Produktionschef, und den anderen Bossen verhandeln wollte.
In diesem Klima konnte jedoch ein Buster Keaton nicht arbeiten. SPITE MARRIAGE ist denn auch für jeden, der seine früheren Filme gesehen hat, eine tiefe Enttäuschung. Aus einer schwachbrüstigen Handlung mit ein paar mehr oder weniger hübschen Einfällen ragen eine leidlich arrangierte Jagd im Theater, die vom Elmer glorreich geschmissene Szene und seine Versuche, die total betrunkene Frau ins Bett zu bekommen, ein wenig hervor. Ein Schock für jeden Buster-Kenner ist die Verfolgung auf dem Schiff, jenen Ort, an dem Buster einst, z. B. im NAVIGATOR, seine genialen Abenteuer erlebt hatte. Nichts mehr davon. Der Charme, der auch die kleinen Einfälle verzaubert hatte, ist dahin. Stattdessen Grobheiten, Schlägereien auf dem Niveau der primitiven Schlagsahne-Slapstick-Frühzeit *Sennetts*. Daß Buster nicht mehr unter seinem alten Namen auftritt, mutet wie ein Versuch an, sich einen letzten Rest von Stolz zu retten. Er heißt in SPITE MARRIAGE wie in den folgenden Filmen Elmer. Dieser Abschied vom alten Namen ist ein Symbol: es ist der Abschied von einer großen Vergangenheit.
Als Keaton diesen Abschied nehmen mußte, war er gerade 34 Jahre alt. Man hat immer wieder Gründe für seinen nun einset-

zenden Mißerfolg beim Publikum gesucht und dabei auch auf den Tonfilm verwiesen, der Keaton, wie so viele andere Stars, ruiniert habe. Aber es war nicht der Tonfilm; die Tonfilme, die er später gemacht hat, beweisen, daß seine Stimme, ein brüchiges, tiefes Organ, durchaus nicht ungeeignet war. Mehr Berechtigung hat der Hinweis auf Keatons Alter. Busters Gesicht war jung, ebenmäßig, glatt; Erfahrungen hatten es noch nicht gezeichnet – ein solches Gesicht verträgt nicht die Falten des Älterwerdens. Vielleicht hätte Keaton noch eine Figur gefunden, die besser zu seinem Alter gepaßt hätte. Man ließ ihn nur gar nicht mehr suchen. Man zwängte ihn in eine Reihe von Filmen, die ihn verschlissen. Als er Widerstand leistete, ließ man ihn fallen. Oder, um bei der Wahrheit zu bleiben, man schmiß ihn hinaus.

SPITE MARRIAGE ist der letzte Film in dieser kommentierten Filmografie – weil es der erste Film war, in dem Keaton keinen maßgeblichen Einfluß mehr auf die Gestaltung hatte. SPITE MARRIAGE ist der sichtbarste Beginn des Niedergangs, der für Buster Keaton aus einer unendlichen Reihe von Demütigungen bestand, einer Folge von Katastrophen, die an Busters frühere Erfahrungen in THE BOAT erinnerten.

1 David Robinson, Buster Keaton, Reihe Cinema One Bd. 10, London 1973, S. 45.

2 op. cit., S. 50.

3 Inhaltsgabe für den Film, den wir nicht sehen konnten, nach: Michel Denis, Buster Keaton, in: Anthologie du cinéma, Bd. VII, Paris 1973, S. 73.

4 Frieda Grafe, Filmkritik 3/1964, S. 145.

5 Technisch griff Keaton in dieser Sequenz auf ein Verfahren zurück, das Winsor McCay in seinem Trickfilm *Gertie* angewendet hat: die Kombination von Real- und Trickaufnahmen.

6 Rudi Blesh, Keaton, New York 1966, zitiert nach der Paperback-Ausgabe, New York 1971, S. 252.

7 Robinson, a.a.O., S. 79.

8 Marcel Oms, Buster Keaton, Premier Plan Nr. 31, S. 33.

9 Denis, a.a.O., S. 84.

10 Donald W. McCaffrey, 4 Great Comedians: Chaplin, Lloyd, Keaton, Langdon, London 1968, S. 92.

11 Robinson, a.a.O., S. 89.

12 Ursprünglich wollte Keaton *Sherlock Jr.* von Roscoe Arbuckle drehen lassen der nach seiner Verwicklung in den Sexskandal nicht mehr als Schauspieler arbeiten durfte. Keaton wollte ihm Arbeit als Regisseur geben. Nach drei Tagen übernahm er dann doch selbst die Regie, vernichtete das Material und begann von vorne.

13 Enno Patalas, Versuch über Buster, Filmkritik 9/1964, S. 455 und 457.

14 Kevin Brownlow, The Parade's gone by . . ., zitiert nach der deutschen Übersetzung des Keaton-Kapitels in: Filmjournal 1/2, hsg. vom Kommunalen Kino Frankfurt, S. 36f.

15 a.a.O.

16 Siehe Interview S. 59.

17 Blesh, a.a.O., S. 258.

18 Siegfried Kracauer: Kino, hsg. von Karsten Witte, Frankfurt/M. 1974, S.

19 James Agee, Comedy's Greatest Era, in: Agee on Film, New York 1958, S. 15.

20 Blesh, a.a.O., S. 260f.

21 Grafe, a.a.O., S. 146.

22 Kracauer, a.a.O., S. 180.

23 Grafe, a.a.O., S. 144.

24 Brownlow, a.a.O., S. 38.

25 Robinson, a.a.O., S. 140.

26 Kracauer, a.a.O., S. 181.

27 Kurz vor seinem Tod hat das National Board of Canada Keaton für den Film THE RAILRODDER noch einmal mit einer Draisine fahren lassen, quer über den Kontinent, von Ost nach West.

28 Enno Patalas, Filmkritik 4/1963, S. 200.

29 Bei dem Stabhochsprung, der den Lauf abschließt, hat sich Keaton von einem Stuntman vertreten lassen: das einzige Mal, daß er sich doubeln ließ.

30 Adou Kyrou, Luis Buñuel, Paris, S. 93.

31 John Montgomery, Comedy Film 1894–1954, London 1968, S. 143.

32 Kracauer, a.a.O., S. 182ff.

33 Denis, a.a.O., S. 95.

34 Frieda Grafe, Die Augen machen ihm Beine, Süddeutsche Zeitung, 23.8.1973

Daten

Von Hans Helmut Prinzler

Biografie

Buster Keaton (eigentlich: Joseph Francis Keaton)
geboren am 4. Oktober 1895 in Pickway, Kansas (USA).
Eltern: Joe und Myra Keaton, Schauspieler.
Die Welt der Keatons sind die Varietés und Vorstadttheater, wo sie in sogenannten »Medicine-Shows« auftreten, gemischten Programmen mit Sketchen, Artistik und Zauberei. Mit drei und vier Jahren fühlt sich Buster schon auf der Bühne zu Hause – aber er darf noch nicht offiziell auftreten. Durch einen juristischen Trick machen ihn seine Eltern im Oktober 1900 – fünfjährig – zum Mitglied ihrer Truppe. Sie nennen sich jetzt »The Three Keatons«. Durch Beobachtung und Übung erwirbt sich Buster in den folgenden Jahren akrobatische Fähigkeiten, die ihm später für seine Filmarbeit sehr nützlich sein werden. Ein erstes Filmangebot im Jahre 1913 von William Randolph Hearst (sie sollen die Figuren der Comicserie »Bringing Up Father« darstellen) lehnen die Keatons ab. Die Familie ist inzwischen größer geworden: Buster hat einen Bruder (Harry, genannt »Jingles«, geboren 1904) und eine Schwester (Louise, geboren 1906) bekommen. Im Februar 1917 trennt sich die Familie, Buster geht nach New York, wo er mit Roscoe »Fatty« Arbuckle zusammentrifft und sich als Filmdarsteller verpflichten läßt.
Für Arbuckles Firma »Comicque Film Company« spielt Keaton in New York in fünf Filmen mit, dann wechselt die Firma nach Hollywood, wo er unter Arbuckles Regie in weiteren sechs Filmen (Zweiaktern mit ca. 20 Minuten Länge) als Darsteller mitwirkt. 1918 wird Buster Keaton zum Wehrdienst verpflichtet und geht für sieben Monate nach Frankreich. 1919 kehrt er zu Arbuckle zurück und dreht mit ihm noch drei Filme. Im Januar 1920 realisiert er seinen ersten eigenen Film, THE HIGH SIGN, in der Produktionsgruppe »Buster Keaton Comedies«. Im Sommer des gleichen Jahres entsteht Keatons erster langer Spielfilm, THE SAPHEAD, als Metro-Produktion. Durch die Heirat mit Natalie Talmadge (am 31. Mai 1921) wird Keaton mit dem Filmproduzenten Joseph M. Schenck verschwägert, der für fast alle Keaton-Filme von 1917 bis 1928 als Produzent verantwortlich ist. Am 2. Juni 1922 wird Busters erster Sohn geboren: Joseph Talmadge Keaton, den man 1923 in OUR HOSPITALITY als Baby Willie auf der Leinwand sehen kann.
Von 1920 bis 1923 entstehen unter der Regie von Keaton und Eddie Cline bzw. Mal St. Clair 19 Zweiakter in Keatons Produktionsfirma,

zuerst für den Verleih der Metro Pictures, dann für die First National. 10 lange Spielfilme (8 für MGM, 2 für United Artists) inszeniert und produziert Keaton von 1923 bis 1928 – es sind seine erfolgreichsten Filme, die er in weitgehender Unabhängigkeit machen kann. 1928 verkauft Schenck Busters Vertrag mit dessen nachträglicher Zustimmung an MGM, was Keaton bald als größten Fehler seines Lebens begreift. Im Sommer 1928 entsteht, unter der Regie von Edward Sedgwick, sein erster MGM-Film, THE CAMERAMAN; es folgen bis 1933 acht weitere Filme mit Buster in der Hauptrolle (als erster Tonfilm FREE AND EASY), zum Teil werden europäische Versionen realisiert (in Deutschland, Frankreich, Spanien), doch der Erfolg läßt nach, die künstlerische Umstellung auf den Tonfilm glückt nicht.

Durch die Scheidung von seiner Frau Natalie 1932 und die Entlassung aus dem MGM-Vertrag durch Louis B. Mayer 1933 wird Keaton materiell und psychisch ruiniert. Er wird in verschiedenen Senatorien gegen Alkoholismus behandelt. Ein Filmprojekt in Florida scheitert nach 10 Drehwochen, zwei Filme, die er in Europa inszeniert, werden Mißerfolge. Die Ehe mit einer Krankenschwester (1934) dauert nur wenige Wochen. Von der Firma »Educational Productions Inc.« wird Keaton für eine Kurzfilmserie engagiert, die er bis 1937 realisiert (16 Stück). Dann arbeitet er anonym als Gagman, bis er 1939 den Auftrag erhält, für die Columbia zehn Kurzfilme zu machen. 1940 heiratet er seine dritte Frau, Eleanor Norris, eine damals 21jährige Tänzerin.

Während der Kriegsjahre spielt Keaton kleine Rollen im Film und tritt gelegentlich im Varieté auf. 1946 stirbt sein Vater, Joe Keaton (1955 seine Mutter, Myra). Bei einem Lokalsender in California erhält Keaton 1949 eine monatliche Fernsehshow, im Film spielt er weiterhin nur Nebenrollen. Zwischen 1951 und 1953 macht er mehrere Tourneen durch Europa und hat u. a. großen Erfolg im Cirque Medrano in Paris. Dann bringt er mehrere Monate im Krankenhaus zu. Die Firma Paramount berät er 1957 bei der Realisierung des Films *The Buster Keaton Story* (Regie: Sidney Sheldon), der allerdings kein großer Erfolg wird. Eine Art Wiederentdeckung Keatons ereignet sich erst 1962, in der Bundesrepublik, wo Keaton anläßlich der Wiederaufführung von THE GENERAL bei einer Goodwill-Tour herzlich gefeiert wird. Fast gleichzeitig findet in der Pariser Cinémathèque eine große Keaton-Retrospektive statt. 1963 widmet das Filmfestival in Venedig Keaton eine Retrospektive. In Kanada spielt er 1964 die Hauptrolle in dem Kurzfilm THE RAILRODDER, in New York realisiert Alain Schneider mit ihm den Bekkett-Film FILM, der 1965 in Venedig uraufgeführt wird. Eine letzte kleine Rolle hatte Buster in Richard Lesters A FUNNY THING HAPPENED ON THE WAY TO THE FORUM.

Am 1. Februar 1966 stirbt Keaton in seinem Haus in Woodland Hills, California.

Filmografie

Die Filmografie enthält einschlägige Angaben zu Filmen, an denen Buster Keaton als Darsteller (und zum Teil auch als Regisseur) beteiligt gewesen ist. Sie kann sich auf Vorarbeiten stützen, die insbesondere in Frankreich, England und den USA in den letzten Jahren geleistet worden sind und inzwischen veröffentlicht vorliegen. Dies sind vor allem das umfangreiche Buch von Jean-Pierre Coursodon (Paris 1973), die Monografie über Keatons Stummfilme von David Robinson (London 1969), die Broschüre von Michel Denis (Paris 1971) und (für die 2. Auflage dieser Monografie) die Dokumentation von George Wead und George Lellis (Boston 1977). Nicht sehr zuverlässig sind dagegen die Filmografien von Rudi Blesh (zusammen mit Raymond Rohauer, New York 1966), Marcel Oms (Lyon 1964) und J.-P. Lebel (Paris 1964/London 1967).
Im wesentlichen wurden vorliegende Daten übernommen und – vor allem was die Aufführungen in Deutschland 1923-1935 und in der Bundesrepublik 1962-1974 betrifft – ergänzt. Obwohl die Gruppierung der Filme den chronologischen Zusammenhang etwas zerstört, gibt sie doch einen besseren Überblick über die verschiedenen Produktionsphasen. Die Angaben zu den Stummfilmen Keatons sind so ausführlich wie es heute möglich ist, bei den Tonfilmen wurde auf den technischen Stab und einen Teil der Nebendarsteller verzichtet. Die Schreibweisen von Personen und Produktionsfirmen weichen in den verschiedenen Filmografien häufig voneinander ab. In der Regel habe ich amerikanische Quellen zur Überprüfung herangezogen und im übrigen auf die Zuverlässigkeit von Coursodon vertraut. Die Filmlängen (original und deutsche Fassung) wurden so genau wie möglich recherchiert. Durch die Einfügung umfangreicher Zwischentitel sind deutsche Fassungen gelegentlich länger als Originalfassungen, andererseits sind auch stark amputierte Kopien im Umlauf (vgl. die BRD-Längen von GO WEST, SHERLOCK JR. und BATTLING BUTLER). Außer den genannten Monografien wurden noch vorwiegend folgende Quellen benutzt:
Motion Pictures 1912-1939 (Cataolog of Copyright Entries), Washington: Library of Congress 1951 (und die nachfolgenden Bände). – The New York Times Film Reviews 1913-1978 (10 Bände), New York 1970 ff. – The American Film Institute Catalog: Feature Films 1921-30. New York/London 1971. – Leonard Maltin: The Great Movie Shorts. New York 1972. – Jahrbuch der Filmindustrie (hrsg. von Karl Wolffsohn) Berlin 1923 bis 1930 (4 Bände). – Jahrgänge der Lichtbildbühne. – Handbücher der Katholischen Filmkritik. – Verleihkatalog 1977/78 von Filmecho/Filmwoche. – Für die 2. Auflage: Michael Hanisch: Über sie lach(t)en Millionen. Berlin (DDR) 1976.

Abkürzungen: R = Regie, B = Buch, K = Kamera, Sch = Schnitt, A = Ausstattung, Ko = Kostüme, D = Darsteller, P = Produktion, Pl = Produktionsleitung, F = Format, sw = schwarzweiß, st = stumm, OL = Länge der Originalfassung (dabei wurden die ermittelten Meterlängen in Minuten umgerechnet mit einer einheitlichen Projektorenlaufgeschwindigkeit von 24 Bildern pro Sekunde. Exakt wäre für die Jahre 1920 bis ca. 1929 eine Geschwindigkeit von ca. 20 Bildern pro Sekunde, die aber heute nur bei speziell ausgerüsteten Projektoren erreicht werden kann), U = Uraufführung (in vielen Quellen wird das Copyright-Datum irrtümlich als Premierentag angegeben; ich nenne nur in gesicherten Fällen den Tag der Uraufführung, sonst den Monat), DE = Erstaufführung in Deutschland, DL = Länge der deutschen Fassung, BRD-E = Erste Kinoaufführung (Verleihstart) in der Bundesrepublik (für die kurzen Filme sind diese Daten nicht zu ermitteln), BRD-L = Länge der Fassung in der Bundesrepublik, DT = Deutscher Titel, TV = Fernsehausstrahlungen in der Bundesrepublik, V = Verleih in der Bundesrepublik, soweit Kopien verfügbar sind. – Die Jahreszahlen vor dem Originaltitel geben, soweit es zu ermitteln war, das Produktionsjahr an.

1. Kurzfilme von und mit Roscoe »Fatty« Arbuckle (1917-1919)

1917 THE BUTCHER BOY. – R/B: Roscoe Arbuckle. – K: Elgin Lessley. – D: Roscoe Arbuckle, Al St. John, Buster Keaton, Josephine Stevens, Arthur Earle, Agnes Neilson, Alice Lake. – P: Comique Film Corp. – Pl: Josef M. Schenck. – L: 2 Rollen (das sind 20-25 min.). – U: April 1917.

1917 A RECKLESS ROMEO. – Dieser Titel wird in einigen Keaton-Filmografien genannt, von den zuverlässigeren Filmografen (wie David Wilson und Jean-Pierre Coursodon) jedoch angezweifelt.

1917 THE ROUGH HOUSE. – R/B: Roscoe Arbuckle. – K: Elgin Lessley. – D: Roscoe Arbuckle, Al St. John, Buster Keaton, Alice Lake. – P: Comique Film Corp. – Pl: Joseph M. Schenck. – L: 2 Rollen. – U: Juni 1917.

1917 HIS WEDDING NIGHT. – R/B: Roscoe Arbuckle. – K: Elgin Lessley. – D: Roscoe Arbuckle, Al St. John, Buster Keaton, Josephine Stevens, Alice Lake, Jimmy Briant, Joe Bordeau. – P: Comique Film Corp. – Pl: Joseph M. Schenck. – L: 2 Rollen. – U: August 1917.

1917 OH, DOCTOR. – R/B: Roscoe Arbuckle. – K: Elgin Lessley. – D: Roscoe Arbuckle, Al St. John, Buster Keaton, Alice Lake,

Joe Keaton. – P: Comique Film Corp. – Pl: Joseph M. Schenck. – L: 2 Rollen. – U: September 1917.

1917 CONEY ISLAND. – R/B: Roscoe Arbuckle. – K: Elgin Lessley. – D: Roscoe Arbuckle, Al St. John, Buster Keaton, Alice Lake, Stanley Pembroke. – P: Comique Film Corp. – Pl: Josef M. Schenck. – L: 2 Rollen. – U: Oktober 1917.

1917 A COUNTRY HERO. – R/B: Roscoe Arbuckle. – K: Elgin Lessley. – D: Roscoe Arbuckle, Al St. John, Buster Keaton, Alice Lake, Joe Keaton. – P: Comique Film Corp. – Pl: Joseph M. Schenck. – L: 2 Rollen. – U: Dezember 1917. – (Robinson berücksichtigt den Film nicht in seiner Filmografie, weil kein eindeutiger Copyright-Eintrag vorliegt, Coursodon weist dagegen ziemlich einleuchtend nach, daß es den Film gegeben hat.)

1918 OUT WEST. – R/B: Roscoe Arbuckle. – K: Elgin Lessley. – D: Roscoe Arbuckle, Al St. John, Buster Keaton, Alice Lake, Joe Keaton. – P: Comique Film Corp. – Pl: Joseph M. Schenck. – L: 2 Rollen. – U: Februar 1918.

1918 THE BELL BOY. – R/B: Roscoe Arbuckle. – K: Elgin Lessley. – D: Roscoe Arbuckle, Al St. John, Buster Keaton, Alice Lake, Joe Keaton, Charles Dudley. – P: Famous Players-Lasky Corp. – Pl: Joseph M. Schenck. – L: 2 Rollen. – U: März 1918.

1918 MOONSHINE. – R/B: Roscoe Arbuckle. – K: Elgin Lessley. – D: Roscoe Arbuckle, Al St. John, Buster Keaton, Charles Dudley, Alice Lake, Joe Bordeau. – P: Famous Players-Lasky Corp. – Pl: Joseph M. Schenck. – L: 2 Rollen. – U: Mai 1918.

1918 GOOD NIGHT NURSE. – R/B: Roscoe Arbuckle. – K: George Peters. – D: Roscoe Arbuckle, Al St. John, Buster Keaton, Alice Lake, Joe Bordeau. – P: Famous Players-Lasky Corp. – Pl: Joseph M. Schenck. – L: 2 Rollen. – U: Juni 1918.

1918 THE COOK. – R/B: Roscoe Arbuckle. – K: Elgin Lessley. – D: Roscoe Arbuckle, Al St. John, Buster Keaton, Alice Lake. – P: Comique Film Corp. – Pl: Joseph M. Schenck. – L: 2 Rollen. – U: August 1918.

1919 BACK STAGE. – R/B: Roscoe Arbuckle. – K: Elgin Lessley. – D: Roscoe Arbuckle, Buster Keaton, Jackie Coogan Sr., Alice Lake, Molly Malone. – P: Famour Players-Lasky Corp. – Pl: Joseph M. Schenck. – L: 2 Rollen. – U: August 1919.

1919 THE HAYSEED. – R/B: Roscoe Arbuckle. – K: Elgin Lessley. – D: Roscoe Arbuckle, Buster Keaton, Molly Malone, Jackie Coogan Sr. – P: Famous Players-Lasky Corp. – Pl: Joseph M. Schenck. – L: 2 Rollen. – U: Oktober 1919.

1919 THE GARAGE. – R/B: Roscoe Arbuckle. – K: Elgin Lessley. – D: Roscoe Arbuckle, Buster Keaton, Molly Malone, Jackie Coogan Sr. – P: Famous Players-Lasky Corp. – Pl: Joseph M. Schenck. – L: 2 Rollen. – U: Dezember 1919.

2. Langfilm für Metro Pictures Corp. (1920)

1920 THE SAPHEAD. Der Dummkopf. – R: Herbert Blaché/Künstlerische Oberleitung: Winchell Smith. – B: June Mathis, nach dem Stück »The New Henrietta« von Winchell Smith und Victor Mapes. – K: Harold Wenstrom. – D: Buster Keaton (Bertie van Alstyne), William H. Crane (Nicholas van Alstyne), Irving Cummings (Mark Turner), Edward Jobson (Rev. Murray Hilton), Edward Alexander (Watson Flint), Jack Livingstone (Dr. George Wainwright), Edward Connelly (Musgrave), Jeffrey Williams (Hutchins), Odette Tyler (Mrs. Cornelia Opdyke), Carol Holloway (Rose Turner), Beulah Booker (Agnes Gates), Katherine Albert (Hattie), Helen Holte (Henrietta Reynolds), Alfred Hollingsworth (Hathaway), Henry Clauss. – P: Metro Pictures Corp. – Pl: John L. Golden, Winchell Smith. – F: 35 mm, sw, st. – OL: 1949 m = 71 min. – U: Oktober 1920. – TV: 20. 9. 1975 (ARD), 8. 9. 1979 (NDR III, HR III), 25. 12. 1979 (S 3).

3. Kurzfilme von Keaton produziert und inszeniert (1920-1923)

1920 THE HIGH SIGN. – R/B: Buster Keaton, Eddie Cline. – K: Elgin Lessley. – A: Fred Gabourie. – D: Buster Keaton (Schießstandgehilfe), Sybil Sealey, Joe Roberts. – Pl: Joseph M. Schenck. – L: ca. 18 min. – Gedreht im Januar/Februar 1920, vor THE SAPHEAD. – U: April 1921.

1920 ONE WEEK. – R/B: Buster Keaton, Eddie Cline. – K: Elgin Lessley. – A: Fred Gabourie. – D: Buster Keaton/Sybil Sealey (junges Ehepaar), Joe Roberts. – Pl: Joseph M. Schenck. – L: 19 min. – U: September 1920.

1920 CONVICT 13. – R/B: Buster Keaton, Eddie Cline. – K: Elgin Lessley. – A: Fred Gabourie. – D: Buster Keaton (Golfspieler/Sträfling), Sybil Sealey, Joe Roberts. – Pl: Joseph M. Schenck. – L: 18 min. – U: Oktober 1920.

1920 THE SCARECROW. – R/B: Buster Keaton, Eddie Cline. – K: Elgin Lessley. – A: Fred Gabourie. – D: Buster Keaton (Junggeselle), Sybil Sealey, Al St. John, Joe Roberts. – Pl: Joseph M. Schenck. – L: 17 min. – U: Dezember 1920.

1920 NEIGHBORS. – R/B: Buster Keaton, Eddie Cline. – K: Elgin Lessley. – A: Fred Gabourie. – D.: Buster Keaton (junger Mann), Virginia Fox (Mädchen), Joe Keaton (Vater des jungen Mannes), Joe Roberts (Vater des Mädchens), Jack Duffy (Richter), Eddie Cline (Polizist). – Pl: Joseph M. Schenck. – L: 17 min. – U: Januar 1921.

1921 THE HAUNTED HOUSE. – R/B: Buster Keaton, Eddie Cline. – K: Elgin Lessley. – A: Fred Gabourie. – D: Buster Keaton (Bankangestellter), Virginia Fox (Tochter des Bankdirektors), Joe Roberts (Kassierer), Eddie Cline. – Pl: Joseph M. Schenck. – L: 19 min. – U: Februar 1921.

1921 HARD LUCK. – R/B: Buster Keaton, Eddie Cline. – K: Elgin Lessley. – A: Fred Gabourie. – D: Buster Keaton (Selbstmordkandidat), Virginia Fox, Joe Roberts. – L: 19 min. – U: März 1921. – Keine Kopie erhalten.

1921 THE GOAT. – R/B: Buster Keaton, Mal St. Clair. – K: Elgin Lessley. – A: Fred Gabourie. – D: Buster Keaton (angeblicher Verbrecher), Virginia Fox, Mal St. Clair, Joe Roberts. – P: Buster Keaton Productions Inc. – Pl: Joseph M. Schenck. – L: 21 min. – U: Mai 1921.

1921 THE PLAYHOUSE. – R/B: Buster Keaton, Eddie Cline. – K: Elgin Lessley. – A: Fred Gabourie. – D: Buster Keaton (Bühnenarbeiter), Virginia Fox, Joe Roberts. – P: Buster Keaton Productions Inc. – Pl: Joseph M. Schenck. – L: 18 min. – U: Oktober 1921.

1921 THE BOAT. – R/B: Buster Keaton, Eddie Cline. – K: Elgin Lessley. – A: Fred Gabourie. – D: Buster Keaton (Vater), Sybil Sealey (Mutter). – P: Comique Film Company Inc. – Pl: Joseph M. Schenck. – L: 20 min. – U: November 1921.

1921 THE PALEFACE. – R/B: Buster Keaton, Eddie Cline. – K: Elgin Lessley. – A: Fred Gabourie. – D: Buster Keaton (Schmetterlingsfänger), Joe Roberts (Häuptling). – P: Comique Film Company Inc. – Pl: Joseph M. Schenck. – L: 21 min. – U: Januar 1922.

1922 COPS. – R/B: Buster Keaton, Eddie Cline. – K: Elgin Lessley. – A: Fred Gabourie. – D: Buster Keaton (zieht um), Virginia Fox,

Joe Roberts. – P: Comique Film Company Inc. – Pl: Joseph M. Schenck. – L: 18 min. – U: März 1922.

1922 MY WIFE'S RELATIONS. – R/B: Buster Keaton, Eddie Cline. – K: Elgin Lessley. – A: Fred Gabourie. – D: Buster Keaton (Ehemann), Kate Price (Kate), Monty Collins (ihr Vater), Wheezer Doll/Tom Wilson (ihre Brüder). – P: Buster Keaton Productions Inc. – Pl: Joseph M. Schenck. – L: 22 min. – U: Mai 1922.

1922 THE BLACKSMITH. – R/B: Buster Keaton, Mal St. Clair. – K: Elgin Lessley. – A: Fred Gabourie. – D: Buster Keaton (Schmiedegehilfe), Joe Roberts (Schmied), Virginia Fox. – P: Comique Film Company Inc. – Pl: Joseph M. Schenck. – L: 19 min. – U: Juli 1922.

1922 THE FROZEN NORTH. – R/B: Buster Keaton, Eddie Cline. – K: Elgin Lessley. – A: Fred Gabourie. – D: Buster Keaton (der Träumer), Freeman Wood (Pelzjäger), Bonnie Hill, Joe Roberts. – P: Buster Keaton Productions Inc. – Pl: Joseph M. Schenck. – L: 15 min. – U: August 1922.

1922 DAYDREAMS. – R/B: Buster Keaton, Eddie Cline. – K: Elgin Lessley. – A: Fred Gabourie. – D: Buster Keaton (der junge Mann), Renée Adorée (das junge Mädchen), Joe Keaton, Joe Roberts. – P: Buster Keaton Productions Inc. – Pl: Joseph M. Schenck. – L: ca. 30 min. – U: September 1922.

1922 THE ELECTRIC HOUSE. – R/B: Buster Keaton, Eddie Cline. – K: Elgin Lessley. – A: Fred Gabourie. – D: Buster Keaton (Doktor der Botanik), Joe Roberts (Elektroingenieur), Virginia Fox (junges Mädchen), Joe Keaton (ihr Vater), Myra Keaton (ihre Mutter), Louise Keaton (ihre Schwester). – P: Buster Keaton Productions Inc. – Pl: Joseph M. Schenck. – L: 22 min. – U: Oktober 1922. – Eine erste Fassung von THE ELECTRIC HOUSE hatte Keaton 1921 begonnen und nach einem Unfall abgebrochen.

1922 THE BALLOONATIC. – R/B: Buster Keaton, Eddie Cline. – K: Elgin Lessley. – A: Fred Gabourie. – D: Buster Keaton (der junge Mann), Phyllis Haver (das junge Mädchen). – P: Buster Keaton Productions Inc. – Pl: Joseph M. Schenck. – L: 24 min. – U: Januar 1923.

1922/23 THE LOVE NEST. – R/B: Buster Keaton. – K: Elgin Lessley. – A: Fred Gabourie. – D: Buster Keaton, Joe Roberts, Virginia Fox. – P: Buster Keaton Productions Inc. – Pl: Joseph M. Schenck. – L: 22 min. – U: März 1923.

4. Langfilme der Keaton-Produktion (1923-1928)

1923 THE THREE AGES. Die drei Zeitalter. – R: Buster Keaton, Eddie Cline. – B: Clyde Bruckman, Jean C. Havez, Joseph A. Mitchell. – K: William McGann, Elgin Lessley. – A: Fred Gabourie. – D: Buster Keaton (der junge Mann), Wallace Beery (der Rivale), Margaret Leahy (das Mädchen), Joe Roberts (ihr Vater), Lillian Lawrence (ihre Mutter), Horace Morgan (der Kaiser), Oliver Hardy (Komplize des Rivalen in der römischen Episode), Blanche Payson (die Riesin). – P: Joseph M. Schenck-Buster Keaton Productions Inc. – Pl: Joseph M. Schenck. – F: 35 mm, sw, st. – OL: 1602 m = 59 min. – U: 24. 9. 1923. – DE: 7. 9. 1925 (Titel: »Ben Akiba hat gelogen!«). – DL: 1673 m = 61 min. – BRD-E: 7. 6. 1974. – BRD-L: 1607 m = 59 min. – TV: 18. 10. 1975 (ARD), 29. 9. 1979 (NDR III), 28. 12. 1979 (HR III).

1923 OUR HOSPITALITY. Verflixte Gastfreundschaft/TV-Titel: Gastfreundschaft. – R: Buster Keaton, Jack C. Blystone. – B: Clyde Bruckman, Jean C. Havez, Joseph A. Mitchell. – K: Elgin Lessley, Gordon Jennings. – A: Fred Gabourie. – Ko: Walter Israel. – D: Buster Keaton (Willie McKay), Joe Roberts (Joseph Canfield), Natalie Talmadge (Virginia, seine Tochter), Leonard Clapham (James Canfield), Ralph Bushman (Clayton Canfield), Craig Ward (Lee Canfield), Kitty Bradbury (Tante Mary), Monty Collins (Pfarrer Dorsey), Joe Keaton (Lem Doolittle, Lokomotivführer), Jack Duffy (Sam Gardner, Zugbegleiter), Edward Coxon (John McKay), Jean Dumas (Mrs. McKay), Joseph Keaton Talmadge (Willie als Baby). – P: Joseph M. Schenck-Buster Keaton Productions Inc. – Pl: Joseph M. Schenck. – F: 35 mm, sw, st. – OL: 1880 m = 69 min. – U: 3. 11. 1923. – DE: 23. 12. 1924 (Titel »Bei mir – Niagara«). – DL: 1948 m = 71 min. – BRD-E (Kino): 1. 2. 1974. – BRD-L: 1744 m = 64 min (vertonte Fassung mit deutschen Zwischentiteln). – TV: 26. 4. 1970, 16. 1. 1972, 6. 10. 1979 (NDR III), 28. 12. 1970, 22. 4. 1973, 29. 12. 1979 (HR III), 19. 6. 1971, 14. 2. 1973 (WDR III), 30. 9. 1972, 26. 12. 1979 (S 3), 23. 8. 1975 (ARD). – V: Filmkundliches Archiv, Köln (16 mm).

1924 SHERLOCK JUNIOR. Sherlock junior. – R: Buster Keaton, Roscoe Arbuckle (frühe Sequenzen). – B: Clyde Bruckman, Jean C. Havez, Joseph A. Mitchell. – K: Elgin Lessley, Byron Houck. – A: Fred Gabourie. – Ko: Clare West. – D: Buster Keaton (Filmvorführer/Sherlock Jr.), Kathryn McGuire (Ruth, das Mädchen), Joe Keaton (ihr Vater), Ward Crane (der Rivale), Jane Connelly (Schokoladenfräulein), Erwin Connelly (Gehilfe), George Davis (Kinoheld), Horace Morgan (Kammerdiener), Ruth Holley (Kinoheldin), Ford West,

John Patrick. – P: Joseph M. Schenck-Buster Keaton Productions Inc. – Pl: Joseph M. Schenck. – F: 35 mm, sw, st. – OL: 1240 m = 45 min. – U: 21. 4. 1924. – DE: 22. 5. 1925 (Titel: »Sherlock Holmes jr.«). – DL: 1248 m = 45 min. – BRD-E (Kino): 6. 6. 1974. – BRD-L: 1153 m = 42 min. – TV: 10. 5. 1970, 30. 1. 1972, 20. 10. 1979 (NDR III), 29. 12. 1970, 24. 4. 1973, 31. 12. 1979 (HR III), 3. 7. 1971, 7. 3. 1973 (WDR III), 11. 6. 1972 (BR III), 25. 3. 1973 (S 3), 27. 12. 1975 (ARD). – V: Filmkundliches Archiv, Köln (16 mm).

1924 THE NAVIGATOR. Der Navigator/TV-Titel: Die Kreuzfahrt der Navigator. – R: Buster Keaton, Donald Crisp. – B: Clyde Bruckman, Jean C. Havez, Joseph A. Mitchell. – K: Elgin Lessley, Byron Houck. – A: Fred Gabourie. – D: Buster Keaton (Rollo Treadway), Kathryn McGuire (Patsy O'Brien), Frederick Vroom (ihr Vater), Noble Johnson (Häuptling der Kannibalen), Clarence Burton (Spion), H. M. Clugston (Kannibale). – P: Buster Keaton Productions Inc. – Pl: Joseph M. Schenck. – F: 35 mm, sw, st. – OL: 1738 m = 64 min. – U: 13. 10. 1924. – DE: 4. 1. 1926 (Titel: »Buster Keaton, der Matrose«). – DL: 1674 m = 61 min. – BRD-E (Kino): 8. 6. 1974. – BRD-L: 1619 m = 59 min. – TV: 12. 4. 1970, 27. 2. 1972, 13. 10. 1979 (NDR III), 27. 12. 1970, 23. 4. 1973, 27. 12. 1979 (HR III), 17. 7. 1971, 31. 1. 1973 (WDR III), 8. 4. 1973 (S 3), 17. 1. 1976 (ARD).

1925 SEVEN CHANCES. Sieben Chancen. – R: Buster Keaton. – B: Clyde Bruckman, Jean C. Havez, Joseph A. Mitchell, nach einer Komödie von Roi Cooper Megrue. – K: Elgin Lessley, Byron Houck. – A: Fred Gabourie. – D: Buster Keaton (Jimmie Shannon), Ray Barnes (Billy Meekin), Snitz Edwards (Rechtsanwalt), Ruth Dwyer (Mary Jones), Frankie Raymond (Marys Mutter), Jules Cowles (Angestellter), Erwin Connelly (Pfarrer), Jean Havez (dicker Mann auf dem Treppenabsatz), Marion Harlan/Loro Bara/Alma Bramley/Doris Dean/Peggy Pearce/Hazel Dean/Pauline Toler/Judie King/Bartine Burkette/Eugenia Gilbert/Edna Hamman/Barbara Pierce/Jean Arthur/Connie Evans/Rosalind Mooney (Bräute). – P: Buster Keaton Productions Inc. – Pl: Joseph M. Schenck. – F: 35 mm, sw, mit colorierten Sequenzen (Technicolor), st. – OL: 1559 m = 57 min. – U: 22. 4. 1925. – DE: Mai 1926 (Titel: »Buster Keaton, der Mann mit den tausend Bräuten«). – DL: 1542 m = 56 min. – BRD-E (Kino): 6. 6. 1973. – BRD-L: 1567 m = 57 min. (vertonte Fassung mit deutschen Zwischentiteln). – TV: 24. 5. 1970, 4. 3. 1972, 3. 11. 1979 (NDR III), 30. 12. 1972, 25. 4. 1973, 25. 12. 1979 (HR III), 3. 7. 1971, 7. 3. 1973 (WDR III), 9. 7. 1972, 3. 3. 1973 (BR III), 6. 3. 1973, 5. 11. 1979 (S 3), 14. 2. 1976 (ARD).

1925 GO WEST. Der Cowboy. – R: Buster Keaton. – B: Raymond Cannon, Buster Keaton. – K: Elgin Lessley, Bert Haines. – A: Fred Gabourie. – D: Buster Keaton (Friendless Homer Holiday), Howard Truesdale (Thompson, Besitzer der Diamond Bar Ranch), Kathleen Myers (Gloria, seine Tochter), Ray Thompson (Vorarbeiter), Brown Eyes (die Kuh). – P: Buster Keaton Productions Inc. – Pl: Joseph M. Schenck. – F: 35 mm, sw, st. – OL: 1908 m = 70 min. – U: 21. 12. 1925. – DE: 25. 10. 1926 (Titel: »Buster Keaton, der Cowboy«). – DL: 1936 m = 71 min. – BRD-E: 3. 2. 1964. – BRD-L: 1602 m = 59 min. (vertonte Fassung mit deutschen Zwischentiteln). – TV: 21. 1. 1967, 21. 3. 1971, 24. 12. 1972 (WDR III), 7. 6. 1970, 12. 3. 1972, 27. 10. 1979 (NDR III), 31. 12. 1970, 26. 4. 1973 (HR III), 13. 3. 1971, 22. 4. 1973 (BR III), 14. 4. 1979 (ARD), 30. 12. 1979 (S 3). – V: Filmkundliches Archiv, Köln (16 mm).

1925/26 BATTLING BUTLER. Der Killer von Alabama. – R: Buster Keaton. – B: Paul Gerard Smith, Al Boasberg, Charles Smith, Lex Neal, nach der gleichnamigen Komödie von Stanley Brightman und Austin Melford, bearbeitet von Ballard McDonald. – K: J. Devereux Jennings, Bert Haines. – A: Fred Gabourie. – D: Buster Keaton (Alfred Butler, der Millionärssohn), Snitz Edwards (der Butler), Francis McDonald (Alfred »Battling« Butler, der Boxer), Mary O'Brien (seine Frau), Tom Wilson (sein Trainer), Eddie Borden (sein Manager), Sally O'Neil (das Mädchen vom Lande), Walter James (ihr Vater), Buddy Fine (ihr Bruder). – P: Buster Keaton Productions Inc. – Pl: Joseph M. Schenck. – F: 35 mm, sw, st. – OL: 2126 m = 77 min. – U: 22. 8. 1926. – DE: 11. 3. 1927 (Titel: »Buster Keaton, der Boxer«). – DL: 2150 m = 78 min. – BRD-E: 19. 6. 1964 (Titel: zuerst »Der Boxer«, dann »Der Killer von Alabama«). – BRD-L: 1683 m = 62 min. (vertonte Fassung mit deutschen Zwischentiteln). – TV: 20. 2. 1965 (BR III), 21. 6. 1970, 1. 4. 1972, 24. 11. 1979 (NDR III), 27. 12. 1970 (WDR III), 3. 2. 1979 (ARD).

1926 THE GENERAL. Der General. – R: Buster Keaton, Clyde Bruckman. – B: Al Boasberg und Charles Smith nach einem Entwurf von Buster Keaton und Clyde Bruckman, angeregt durch die Erzählung »The Great Locomotive Chase« von William Pittinger. – K: J. Devereux Jennings, Bert Haines. – Special Effects: Jack Little. – Sch: J. Sherman Kell, Harry Barnes. – A: Frank Barnes. – Ko: J. K. Pitcairn, Fred. C. Ryle. – D: Buster Keaton (Johnnie Gray), Marion Mack (Annabelle Lee), Charles Smith (ihr Vater), Frank Barnes (ihr Bruder), Glen Cavender (Captain Anderson, Chefspion), Jim Farley (General Thatcher), Frederick Vroom (General der Südstaaten), Joe Keaton/Mike Donlin/Tom Nawn (Offiziere aus den Nordstaaten), Frank Agney (Ausbilder). – P: Buster Keaton Productions

Inc. – Pl: Fred Gabourie. – F: 35 mm, sw, st. – OL: 2287 m = 84 min. – U: 31. 12. 1926. – DE: 4. 4. 1927. – DL: 2260 m = 83 min. – BRD-E: 30. 1. 1962. – BRD-L: 2128 m = 78 min. (vertonte Fassung mit deutschen Zwischentiteln). – TV: 3. 10. 1971 (ZDF), 13. 3. 1976, 1. 9. 1979 (NDR III), 25. 9. 1976 (ARD), 8. 7. 1978 (BR III), 1. 9. 1979 (HR III), 29. 12. 1979 (S 3). – V: Filmkundliches Archiv, Köln (16 mm).

1927 COLLEGE. Der Musterschüler. – R. James W. Horne. – B: Carl Harbaugh, Bryan Foy. – K: J. Devereux Jennings, Bert Haines. – Sch: J. Sherman Kell. – A: Fred Gabourie. – D: Buster Keaton (Ronald), Ann Cornwall (Mary Haines), Harold Goodwin (Jeff Brown), Snitz Edwards (Dekan), Florence Turner (Ronalds Mutter), Flora Bramley (Marys Freundin), Buddy Mason/Grant Withers (Jeffs Freunde), Carl Harbaugh (Trainer der Rudermannschaft), Sam Brawford (Baseballtrainer), Lee Barnes (Keatons Double beim Stabhochsprung). – P: Buster Keaton Productions Inc. – Pl: Joseph M. Schenck. – F: 35 mm, sw, st. – OL: 1804 m = 66 min. – U: 10. 9. 1927. – DE: 17. 10. 1927 (Titel: »Buster Keaton, der Student«). – DL: 1901 m = 69 min. – BRD-E: 8. 3. 1963. – BRD-L: 1720 m = 63 min. – TV: 31. 10. 1971 (ZDF), 9. 10. 1976 (ARD), 17. 11. 1979 (NDR III), 26. 12. 1979 (HR III).

1928 STEAMBOAT BILL JR. Steamboat Bill jr./TV-Titel: Wasser hat keine Balken. – R: Charles F. Reisner. – B: Carl Harbaugh. – K: J. Devereux Jennings, Bert Haines. – Sch: J. Sherman Kell. – A: Fred Gabourie. – D: Buster Keaton (William Canfield Jr.), Ernest Torrence (William Canfield Sr., »Steamboat Bill«), Tom Lewis (Tom Carter, Steuermann), Tom McGuire (John James King), Marion Byron (Mary, seine Tochter), Joe Keaton (Friseur). – P: Buster Keaton Productions Inc. – Pl: Joseph M. Schenck. – F: 35 mm, sw, st. – OL: 1952 m = 71 min. – U: 12. 5. 1928. – DE: 3. 9. 1928 (Titel: »Wasser hat Balken«). – DL: 2025 m = 74 min. – BRD-E (Kino): 1. 6. 1974. – BRD-L: 1928 m = 70 min. – TV: 5. 7. 1970, 2. 4. 1972, 31. 12. 1972, 10. 11. 1979 (NDR III), 1. 1. 1971, 27. 4. 1973, 30. 12. 1979 (HR III), 31. 7. 1971, 28. 3. 1973 (WDR III), 27. 12. 1971 (BR III), 4. 12. 1976 (ARD).

5. Filme bei Metro-Goldwyn-Mayer (1928-1933)

1928 THE CAMERAMAN. Der Kameramann. – R: Edward Sedgwick. – B: E. Richard Schayer, nach einem Entwurf von Clyde Bruckman und Lew Lipton. – K: Elgin Lessley, Reggie Landing. – D: Buster Keaton (Luke Shannon), Marceline Day (Sally Richards), Harold Goodwin (Harold Stagg), Sidney Bracy (Edward J. Blake),

Harry Gribbon (Hennessey, Polizist), Edward Brophy (der Mann, der im Schwimmbad die Kabine mit Luke teilt). – P: Metro-Goldwyn-Mayer Pictures. – F: 35 mm, sw, st. – OL: 2133 m = 78 min. – U: September 1928. – DE: 6. 9. 1929 (Titel: »Buster Keaton, der Filmreporter«). – DL: 2093 m = 76 min. – BRD-E: 24. 8. 1973. – BRD-L: 1882 m = 69 min. – TV: 15. 10. 1977 (ARD), 15. 9. 1979 (NDR III, HR III).

1929 SPITE MARRIAGE. Trotzheirat. – R: Edward Sedgwick. – B: E. Richard Schayer, nach einem Entwurf von Lew Lipton und Ernest S. Pagano. – K: Reggie Landing. – Sch: Frank Sullivan. – D: Buster Keaton (Elmer Edgemont), Dorothy Sebastian (Trilby Drew), Edward Earle (Lionel Benmore), Leila Hyams (Ethel Norcrosse), William Bechtel (Frederick Nussbaum), John Byron (Giovanni Scarzi), Hank Mann. – P: Metro-Goldwyn-Mayer Pictures. – F: 35 mm, sw, st. (1930 wurde eine mit Musik unterlegte Tonfassung hergestellt). – OL: 1982 m = 72 min./Tonfassung: 2149 m = 78 min. – U: April 1929. – DE: 22. 10. 1930 (Titel: »Die unvollkommene Ehe«). – DL: 2160 m = 79 min. (Tonfassung). – TV: 12. 5. 1979 (ARD).

1929 THE HOLLYWOOD REVUE OF 1929. – R: Charles Reisner. – B: Al Boasberg, Robert E. Hopkins. – K: John Arnold, Irving Ries, Maximilian Fabian. – D: Conrad Nagel/Jack Benny (Conferenciers); John Gilbert, Norma Shearer, Joan Crawford, Bessie Love, Lionel Barrymore, Cliff Edwards, Stan Laurel/Oliver Hardy, Anita Page, Nils Asther, The Brox Sisters, Natacha Natova and Co., Marion Davies, William Haines, *Buster Keaton,* Marie Dressler, Charles King, Polly Moran, Gus Edwards, Karl Dane, George K. Arthur, Ann Dvorak, Gwen Lee, Albertina Rasch Ballett, The Rounders, The Biltmore Quartet. – P: Metro-Goldwyn-Mayer Pictures. – Pl: Harry Rapf. – F: 35 mm, sw mit colorierten Sequenzen (Technicolor), Tonfilm. – OL: 3559 m = 130 min. – U: 23. 11. 1929. – Keaton spielte im zweiten Teil des Films einen Sketch: »The Dance of the Sea«.
Eine deutsche Fassung des Films wurde 1930 unter dem Titel »Wir schalten um auf Hollywood« hergestellt (Regie: Frank Reicher). – DE: 10. 6. 1931. – DL: 2232 m = 82 min.

1930 FREE AND EASY. – R: Edward Sedgwick. – B: E. Richard Schayer, Paul Dickey, Dialoge: Al Boasberg. – K: Leonard Smith. – Sch: William Le Vanway. – M: Ray Turk, Fred E. Ahlert. – A: Cedric Gibbons. – D: Buster Keaton (Elmer Butts), Anita Page (Elvira), Trixie Friganza (Mutter), Robert Montgomery (Larry), Fred Niblo (Regisseur, spielt sich selbst), Edgar Dearing (Polizist), Gwen

Lee/John Miljan/Lionel Barrymore (spielen sich selbst in einer Schlafzimmerszene), Williams Haines (ein Gast), William Collier Sr. (Conferencier), Dorothy Sebastian/Karl Dane (spielen sich selbst in einer Höhlenszene), David Burton/Jackie Coogan/Cecil B. DeMille/ Arthur Lange/Joe Farnham (spielen sich selbst). – P: Metro-Goldwyn-Mayer Pictures. – F: 35 mm, sw, Tonfilm. – OL: 2564 m = 94 min. – U: 22. 3. 1930. – DE: 15. 9. 1931 (Titel: »Buster rutscht ins Filmland«). – DL: 2616 m = 96 min.
Eine französische Fassung des Films wurde unter dem Titel »Le Metteur en scène« hergestellt, eine spanische unter dem Titel »Estrellados«.

1930 DOUGHBOYS. – R: Edward Sedgwick. – B: E. Richard Schayer, Al Boasberg. – K: Leonard Smith. – Sch: William Le Vanway. – M: Joseph Meyer, Edward Sedgwick, Howard Johnson, William Kernell. – A: Cedric Gibbons. – D: Buster Keaton (Elmer Stuyvesant), Sally Eilers (Mary Rogers), Cliff Edwards (Cliff Nescopeck), Edward Brophy (Sergeant Brophy), Victor Potel (Sveandenburg), Arnold Korff (Gustave), Frank Mayo (Captain Scott), Pitzy Katz (Abie Cohn), William Steele (Lieutenant Randolph). – P: Metro-Goldwyn-Mayer Pictures. – F: 35 mm, sw, Tonfilm. – OL: 2233 m = 82 min. – U: 30. 8. 1930.

1931 PARLOR, BEDROOM AND BATH. – R: Edward Sedgwick. – B: E. Richard Schayer, nach der Komödie von Charles W. Bell und Mark Swan. – K: Leonard Smith. – Sch: William Le Vanway. – D: Buster Keaton (Reginald Irving), Charlotte Greenwood (Polly Hathaway), Reginald Denny (Jeffrey Heywood), Cliff Edwards (Hoteldiener), Dorothy Christie (Angelica Embrey), Joan Peers (Nita Leslie), Sally Eilers (Virginia Embrey), Natalie Moorehead (Leila Crofton), Edward Brophy (Detektiv), Walter Merrill (Frederick Leslie), Sidney Bracy (Hoteldirektor). – P: Metro-Goldwyn-Mayer Pictures. – F: 35 mm, sw, Tonfilm. – OL: 69 min. – U: Februar 1931. Eine französische Fassung des Films wurde unter dem Titel »Buster se marie« hergestellt (Regie: Claude Autant-Lara, Darsteller: Buster Keaton, Françoise Rosay, André Luguet, Mona Goya, Jeanne Helbling, Georgette Rhodes, Mireille, Rolla Norman, André Berley, George Davies), eine deutsche Fassung unter dem Titel »Casanova wider Willen« (Regie: Edward Brophy, Darsteller: Buster Keaton, Paul Morgan, Marion Lessing, Egon von Jordan, Françoise Rosay, Leni Stengel, Gerda Mann, George Davies, Wolfang Zilzer). DE: 15. 1. 1932. – DL: 2086 m = 76 min.

1931 SIDEWALKS OF NEW YORK. – R: Jules White, Zion Meyers. – B: George Landy, Paul Gerard Smith; Dialoge: Robert

E. Hopkins, Erich Hatch. – K: Leonard Smith. – Sch: Charles Hochberg. – D: Buster Keaton (Harmon), Anita Page (Margie), Cliff Edwards (Poggie), Frank Rowan (Butch), Norman Philipps Jr. (Clipper), Frank LaRue (Agent), Oscar Apfel (Richter), Sid Saylor (Mulvaney), Clark Marshall (Lefty). – P: Metro-Goldwyn-Mayer Pictures. – F: 35 mm, sw, Tonfilm. – OL: 70 min. – U: September 1931.

1932 THE PASSIONATE PLUMBER. – R: Edward Sedgwick. – B: Lawrence E. Johnson, nach dem Stück »The Cardboard Lover« von Jacques Deval. – K: Norbert Brodine. – Sch: William S. Gray. – D: Buster Keaton (Elmer Tuttle), Jimmy Durante (McCracken), Irene Purcell (Patricia Alden), Polly Moran (Albine), Gilbert Roland (Tony Lagorce), Mona Maris (Nina), Maude Elburne (Tante Charlotte), Henry Armetta (Bouncer), Paul Porcasi (Paul Le Maire), August Tollaire (General Bouschay), Joan del Val (Chauffeur). – P: Metro-Goldwyn-Mayer Pictures. – F: 35 mm, sw, Tonfilm. – OL: 73 min. – U: Februar 1932.
Eine französische Fassung wurde unter dem Titel »Le Plombier amoureux« (Regie: Claude Autant-Lara, Darsteller: Buster Keaton, Jeanette Ferney, Barbara Leonard) hergestellt.

1932 SPEAK EASILY. – R: Edward Sedgwick. – B: Ralph Spence, Laurence E. Johnson, nach dem Stück »Footlights« von Clarence B. Kelland. – K: Harold Wenstrom. – Sch: William Le Vanway. – D: Buster Keaton (Professor Post), Jimmy Durante (James), Ruth Selwyn (Pansy Peets), Thelma Todd (Eleanor Espere), Hedda Hopper (Mrs. Peets), William Pawly (Griffo), Sidney Toler (Regisseur), Lawrence Grant (Dr. Belton), Henry Armetta (Tony), Ed Brophy (Reno). – P: Metro-Goldwyn-Mayer Pictures. – F: 35 mm, sw, Tonfilm. – OL: 80 min. – U: August 1932.

1933 WHAT! NO BEER? – R: Edward Sedgwick. – B: Carey Wilson, nach einem Entwurf von Robert E. Hopkins, Dialoge: Jack Cluett. – K: Harold Wenstrom. – Sch: Frank Sullivan. – D: Buster Keaton (Elmer Butts), Jimmy Durante (Jimmy Potts), Roscoe Ates (Schultz), Phyllis Barry (Hortense), John Miljan (Butch Lorado), Henry Armetta (Tony), Ed Brophy (Spike Moran), Charles Dunbar (Mulligan), Charles Giblyn (Chef). – P: Metro-Goldwyn-Mayer Pictures. – F: 35 mm, sw, Tonfilm. – OL: 70 min. – U: Februar 1933.

6. Langfilme im Ausland (1934-1935)

1934 LE ROI DES CHAMPS ELYSEES. – R: Max Nosseck. – B: Arnold Lipp; Dialoge: Yves Mirande. – D: Buster Keaton (Buster Garnier/Jim le Balafré), Paulette Dubost (Germaine), Colette Darfeuil (Simone), Madeleine Guitty (Mme Garnier), Jacques Dumesnil, Lucien Callamand, Pierade, Gaston Dupray. – P: Nero Films, Paris.

1935 THE INVADER. – R: Adrian Brunel. – B: Edwin Greenwood. – K: Eric L. Gross. – D: Buster Keaton, Lupita Tovar, Esme Perca, Lyn Hardin, Hilda Moreno, Clifford Heatherly, Webster Booth. – P: Harold Richman, British and Continental Films, London.

7. Kurzfilme für Educational Productions Inc. (1934-1937)

1934 THE GOLD GHOST. – R: Charles Lamont. – B: Ernest Pagano, Charles Lamont, nach einem Entwurf von Ewart Adamson und Nick Barrows. – D: Buster Keaton (Wally), Warren Hymer (»Bugs« Kelly), Dorothy Dix (Wallys Verlobte), Leo Willis, Joe Young, William Worthington. – P: Educational Productions Inc. – F: 35 mm, sw. – L: 2 Rollen, das sind 18-24 min. – U: März 1934.

1934 ALLEZ OOP. – R: Charles Lamont. – B: Ernest Pagano, Ewart Adamson. – K: Dwight Warren. – D: Buster Keaton, Dorothy Sebastian, George Lewis, Helen Feht, Harry Myers, The Flying Escalanters. – P: Educational Productions Inc. – F: 35 mm, sw. – L: 2 Rollen. – U: Mai 1934.

1935 PALOOKA FROM PADUCAH. – R: Charles Lamont. – B: Glen Lambert. – D: Buster Keaton, Joe Keaton, Myra Keaton, Louise Keaton, Dewey Robinson, Bull Montana. – P: Educational Productions Inc. – F: 35 mm, sw. – L: 2 Rollen. – U: Januar 1935.

1935 ONE RUN ELMER. – R: Charles Lamont. – B: Glen Lambert. – D: Buster Keaton (Elmer), Harold Goodwin (Jim), Lona André, Dewey Robinson. – P: Educational Productions Inc. – F: 35 mm, sw. – L: 2 Rollen. – U: Februar 1935.

1935 HAYSEED ROMANCE. – R: Charles Lamont. – B: Glen Lambert, nach einem Entwurf von Charles Lamont. – D: Buster Keaton (Elmer), Dorothea Kent, Jane Jones. – P: Educational Productions Inc. – F: 35 mm, sw. – L: 2 Rollen. – U: März 1935.

1935 STARS AND STRIPES. – R: Charles Lamont. – B: Ewart Adamson, nach einem Entwurf von Charles Lamont. – D: Buster Keaton (Elmer), Dorothea Kent, Vernon Dent. – P: Educational Productions Inc. – F: 35 mm, sw. – L: 2 Rollen. – U: Mai 1935.

1935 THE E-FLAT MAN. – R: Charles Lamont. – B: Glen Lambert, Charles Lamont. – D: Buster Keaton (Elmer), Dorothea Kent,

Broderick O'Farrell, Charles McAvoy, Si Jenks, Fern Emmett, Jack Shutta. – P: Educational Productions Inc. – F: 35 mm, sw. – L: 2 Rollen. – U: August 1935.

1935 THE TIMID YOUNG MAN. – R: Mack Sennett. – B: Glen Lambert. – D: Buster Keaton, Lona André, Tiny Sandford, Kitty McHugh, Harry Bowen. – P: Educational Productions Inc. – F: 35 mm, sw. – L: 2 Rollen. – U: Oktober 1935.

1936 GRAND SLAM OPERA. – R: Charles Lamont. – B: Buster Keaton, Charles Lamont. – D: Buster Keaton (Elmer), Diana Lewis, Harold Goodwin, John Ince, Melrose Coakley. – P: Educational Productions Inc. – F: 35 mm, sw. – L: 2 Rollen. – U: Februar 1936.

1935 THREE ON A LIMB. – R. Charles Lamont. – B: Vernon Smith. – D: Buster Keaton (Elmer), Lona André (Molly), Grant Withers, Barbara Bedford, John Ince, Harold Goodwin. – P: Educational Productions Inc. – F: 35 mm, sw. – L: 2 Rollen. – U: März 1936.

1936 BLUE BLAZES. – R: Raymond Kane. – B: David Freedman. – D: Buster Keaton (Elmer), Arthur Jarrett, Rose Kessner, Patty Wilson, Marlyn Stuart. – P: Educational Productions Inc. – F: 35 mm, sw. – L: 2 Rollen. – U: August 1936.

1936 THE CHEMIST. – R: Al Christie. – B: David Freedman. – D: Buster Keaton (Elmer), Marlyn Stuart, Earl Gilbert, Donald McBride, Herman Lieb. – P: Educational Productions Inc. – F: 35 mm, sw. – L: 2 Rollen. – U: Oktober 1936.

1936 MIXED MAGIC. – R: Raymond Kane. – B: Arthur Jarrett, Marcy Klauber. – D: Buster Keaton (Elmer), Eddie Lambert, Marlyn Stuart, Eddie Hall, Jimmy Fox, Walter Fenner. – P: Educational Productions Inc. – F: 35 mm, sw. – L: 2 Rollen. – U: November 1936.

1937 JAIL BAIT. – R: Charles Lamont. – B: Paul Gerard Smith. – K: Dwight Warren. – D: Buster Keaton (Elmer), Harold Goodwin, Mathew Betz, Bud Jamison, Betty André. – P: Educational Productions Inc. – F: 35 mm, sw. – L: 2 Rollen. – U: Januar 1937.

1937 DITTO. – R: Charles Lamont. – B: Paul Gerard Smith. – D: Buster Keaton (Elmer), Gloria Brewster, Barbara Brewster, Harold Goodwin, Lynton Brent, Al Thompson, Bob Ellsworth. – P: Educational Productions Inc. – F: 35 mm, sw. – L: 2 Rollen. – U: Februar 1937.

1937 LOVE NESTON WHEELS. – R: Charles Lamont. – B: Paul Gerard Smith, nach einem Entwurf von William H. Smith. – K: Dwight Warren. – D: Buster Keaton (Elmer), Louise Keaton, Al St. John, Bud Jamison, Harry Keaton, Myra Keaton. – P: Educational Productions Inc. – F: 35 mm, sw. – L: 2 Rollen. – U: März 1937.

8. Kurzfilme für Columbia (1939-1941)

1939 PEST FROM THE WEST. – R: Del Lord. – B: Clyde Bruckman. – D: Buster Keaton, Lorna Gray, Gino Corrado, Richard Fiske, Bud Jamison, Eddie Laughton, Ned Glass, Forbes Murray. – P: Columbia Pictures Corp. – F: 35 mm, sw. – L: 2 Rollen. – U: Juni 1939.

1939 MOOCHING THROUGH GEORGIA. – R: Jules White. – B: Clyde Bruckman. – D: Buster Keaton, Monty Collins, Jill Martin, Lynton Brent, Jack Hill, Stanley Mack, Ned Glass, Bud Jamison. – P: Columbia Pictures Corp. – F: 35 mm, sw. – L: 2 Rollen. – U: August 1939.

1939 NOTHING BUT PLEASURE. – R: Jules White. – B: Clyde Bruckman. – D: Buster Keaton, Dorothy Appleby, Beatrice Blinn, Bud Jamison, Richard Fiske, Robert Sterling, Jack Randall. – P: Columbia Pictures Corp. – F: 35 mm, sw. – L: 2 Rollen. – U: Januar 1940.

1940 PARDON MY BERTH MARKS. – R: Jules White. – B: Clyde Bruckman. – D: Buster Keaton, Vernon Dent, Dorothy Appleby, Richard Fiske, Billy Gilbert. – P: Columbia Pictures Corp. – F: 35 mm, sw. – L: 2 Rollen. – U: März 1940.

1940 THE TAMING OF THE SNOOD. – R: Jules White. – B: Clyde Bruckman. – D: Buster Keaton, Dorothy Appleby, Elsie Ames, Richard Fiske, Bruce Bennett. – P: Columbia Pictures Corp. – F: 35 mm, sw. – L: 2 Rollen. – U: Juni 1940.

1940 THE SPOOK SPEAKS. – R: Jules White. – B: Ewart Adamson, Clyde Bruckman. – D: Buster Keaton, Elsie Ames, Don Beddoe, Dorothy Appleby, Bruce Bennett. – P: Columbia Pictures Corp. – F: 35 mm, sw. – L: 2 Rollen. – U: September 1940.

1940 HIS EX MARKS THE SPOT. – R: Jules White. – B: Felix Adler. – D: Buster Keaton, Elsie Ames, Matt McHugh, Dorothy Appleby. – P: Columbia Pictures Corp. – F: 35 mm, sw. – L: 2 Rollen. – U: Dezember 1940.

1941 SO YOU WON'T SQUAWK. – R: Del Lord. – B: Elwood Ullman. – D: Buster Keaton, Eddie Fetherstone, Matt McHugh, Bud Jamison, Hank Mann, Vernon Dent, Edmund Cobb. – P: Columbia Pictures Corp. – F: 35 mm, sw. – L: 2 Rollen. – U: Februar 1941.

1941 GENERAL NUISANCE. – R: Jules White. – B: Felix Adler, Clyde Bruckman. – D: Buster Keaton, Elsie Ames, Dorothy Appleby. – P: Columbia Pictures Corp. – F: 35 mm, sw. – L: 2 Rollen. – U: September 1941.

1941 SHE'S OIL MINE. – R: Jules White. – B: Felix Adler. – D: Buster Keaton, Elsie Ames, Monty Collins, Eddie Laughton, Bud Jamison. – P: Columbia Pictures Corp. – F: 35 mm, sw. – L: 2 Rollen. – U: November 1941.

9. Langfilme mit Keaton als Nebendarsteller oder Gast (1939-1965)

1939 HOLLYWOOD CAVALCADE. – R: Irving Cummings, Mal St. Clair. – B: Ernest Pascal, nach einem Entwurf von Hilary Lynn und Brown Hokmes. – D: Alice Faye, Don Ameche, J. Edward Bromberg, Alan Curtis, Stuart Erwin, Buster Keaton (Stummfilmkomiker), Eddie Collins, Ben Turpin u. v. a. – P: Twentieth Century Fox. – F: 35 mm, Farbe. – OL: 96 min. – U: Oktober 1939.

1940 THE VILLAIN STILL PURSUED HER. – R: Edward F. Cline. – B: Elbert Franklin. – D: Anita Louise, Richard Cromwell, Alan Mowbray, Buster Keaton (der Freund des Schurken), Joyce Compton, Billy Gilbert, Margaret Hamilton. – P: R. K. O. Radio Pictures. – F: 35 mm, sw. – OL: 67 min. – U: Oktober 1940.

1940 LI'L ABNER. – R: Albert S. Rogell. – B: Charles Kerr, Tyler Johnson, nach den Comicfiguren von Al Capp. – D: Granville Owen, Martha O'Driscoll, Mona Ray, Johnnie Morris, Buster Keaton, Chester Conklin, Al St. John, Hank Mann, Eddie Gribbon. – P: R. K. O. Radio Pictures. – F: 35 mm, Farbe. – OL: 78 min. – U: November 1940.

1943 FOREVER AND A DAY. – R: René Clair, Edmund Goulding, Cedric Hardwicke (für die Keaton-Episode verantwortlich), Frank Lloyd u. a. – D: Brian Aherne, Robert Cummings, Charles Laughton, Buster Keaton (Installateur in einer Episode). – P: R. K. O. Radio Pictures. – F: 35 mm, sw. – OL: 104 min. – U: März 1943.

1944 SAN DIEGO I LOVE YOU. – R: Reginald LeBorg. – B: Michael Fessier, Ernest Pagano. – D: Jon Hall, Louise Allbritton, Edward Everett Horton, Eric Blore, Buster Keaton (Busfahrer), Irene Ryan. – P: Universal. – F: 35 mm, sw. – OL: 83 min. – U: September 1944.

1945 THAT'S THE SPIRIT. – R: Charles Lamont. – B: Michael Fessier, Ernest Pagano. – D: Peggy Ryan, Jack Oakie, June Vincent, Gene Lockhart, Johnny Coy, Irene Ryan, Buster Keaton (Bürovorsteher). – P: Universal. – F: 35 mm, sw. – OL: 91 min. – U: Juni 1945.

1945 THAT NIGHT WITH YOU. – R: William A. Seiter. – B: Michael Fessier, Ernest Pagano. – D: Franchot Tone, Susanne Foster, David Bruce, Buster Keaton. – P: Universal. – F: 35 mm, sw. – OL: 84 min. – U: September 1945.

1946 GOD'S COUNTRY. – R: Robert E. Tansey. – B: Robert E. Tansey, nach einem Roman von James Oliver Curwood. – D: Robert Lowery, Helen Gilbert, Buster Keaton, William Farnum. – P: Screen Guild Productions. – F: 35 mm, Farbe. – OL: 62 min. – U: April 1946.

1946 EL MODERNO BARBA AZUL. – R: Jaime Salvador. – B: Victor Trivas. – D: Buster Keaton (Gefangener), Angel Garasa, Virginia Seret, Luis Bareiro. – P: Alsa Films, Mexiko. – F: 35 mm, sw. – OL: 90 min. – U: 1946.

1949 THE LOVABLE CHEAT. – R: Richard Oswald. – B: Edward Lewis, nach einem Stück von Honoré de Balzac. – D: Charlie Ruggles, Peggy Ann Garner, Buster Keaton. – P: Skyline Pictures Inc. – F: 35 mm, sw. – OL: 76 min. – U: Mai 1949.

1949 IN THE GOOD OLD SUMMERTIME. – R: Robert Z. Leonard. – B: Albert Hackett, Francis Goodrich, Ivan Tors. – D: Judy Garland, Van Johnson, Spring Byington, Buster Keaton (Hickey, Angestellter in einem Musikladen). – P: Metro-Goldwyn-Mayer Pictures. – F: 35 mm, Farbe. – OL: 103 min. – U: August 1949.

1949 YOU'RE MY EVERYTHING. – R: Walter Lang. – B: Lamar Trotti, Will H. Hays Jr. – D: Dan Dailey, Anne Baxter, Anne Revere, Stanley Ridges, Buster Keaton (Butler in einem Stummfilm). – P: Twentieth Century Fox. – F: 35 mm, Farbe. – OL: 94 min. – U: Juli 1949.

1949 SUNSET BOULEVARD. Boulevard der Dämmerung. – R: Billy Wilder. – B: Charles Brackett, Billy Wilder, D. M. Marshman. –

D: William Holden, Gloria Swanson, Erich von Stroheim, Nancy Olson, Cecil B. DeMille, Hedda Hopper, Buster Keaton (spielt Bridge). – P: Paramount Pictures. – F: 35 mm, sw. – OL: 110 min. – U: August 1950. – BRD-E: April 1951. – BRD-L: 110 min. – TV: 21. 6. 1971 (ZDF), 26. 6. 1974 (S 3), 29. 1. 1975, 26. 10. 1977, 13. 2. 1980 (WDR III), 2. 4. 1975, 26. 4. 1978 (BR III), 14. 5. 1975 (HR III), 5. 1. 1978, 17. 10. 1979 (NDR III). – V: CIC, Frankfurt (16 mm).

1952 LIMELIGHT. Rampenlicht. – R/B: Charles Chaplin. – D: Charles Chaplin, Claire Bloom, Nigel Bruce, Buster Keaton (gealterter Komiker). – P: Charles Chaplin für United Artists. – F: 35 mm, sw. – OL: 141 min. – U: Oktober 1952. – BRD-E: September 1954. – BRD-L: 140 min. – TV: 13. 4. 1979 (ZDF).

1952 L'INCANTEVOLE NEMICA. – R: Claudio Gora. – D: Robert Lamoureux, Silvana Pampanini, Buster Keaton. – P: Orso-Film, Rom/Lambor-Film, Paris. – F: 35 mm, sw. – OL: 86 min. – U: 1952.

1956 AROUND THE WORLD IN EIGHTY DAYS. In 80 Tagen um die Welt. – R: Michael Anderson. – B: S. J. Perelman, James Poe, John Farrow, nach dem Roman von Jules Verne. – D: David Niven, Cantinflas, Robert Newton, Shirley MacLaine und viele alte Stars, darunter Buster Keaton (Zugschaffner). – P: Michael Todd für United Artists. – F: 70 mm, Farbe, Todd-AO. – OL: 180 min. – U: Oktober 1956. – BRD-E: Oktober 1957. – BRD-L: 177 min. – TV: 10.und 11. 6. 1973 (ARD), 23. und 24. 12. 1979 (ZDF). – V: United Artists, Frankfurt (35 und 70 mm).

1960 THE ADVENTURIES OF HUCKLEBERRY FINN. Abenteuer am Mississippi. – R: Michael Curtiz. – B: James Lee, nach dem Roman von Mark Twain. – D: Tony Randall, Eddie Hodges, Archie Moore, Patty McCormack, Neville Brand, Buster Keaton (Löwenbändiger). – P: Samuel Goldwyn Jr. – F: 35 mm, Farbe. – OL: 107 min. – U: August 1960. – BRD-E: 30. 9. 1960. – BRD-L: 107 min. – TV: 18. 5. 1970 (ARD). – V: CIC Frankfurt (16 mm).

1963 ITS A MAD, MAD, MAD, MAD WORLD. Eine total, total verrückte Welt/Das Ding. – R: Stanley Kramer. – B: William und Tania Rose. – D: Spencer Tracy, Milton Berle, Sid Caesar, Buddy Hackett, Ethel Merman, Mickey Rooney, Buster Keaton (Jimmy, der Gauner). – P: Stanley Kramer für United Artists. – F: 70 mm, Farbe, Ultrapanavision. – OL: 192 min. – U: November 1963. – BRD-E: 19. 12. 1963. – BRD-L: 128 min. – TV: 29. und 30. 5. 1977 (ARD). – V: United Artists, Frankfurt (35 mm).

1964 PAJAMA PARTY. – R: Don Weis. – D: Tommy Kirk, Annette Funicello, Elsa Lanchester, Buster Keaton (Indianerhäuptling), Dorothy Lamour, Harvey Lembeck. – P: American International Pictures. – F: 35 mm, Farbe. – OL: 85 min. – U: November 1964.

1965 BEACH BLANKET BINGO. – R: William Asher. – D: Frankie Avalon, Annette Funicello, Deborah Walley, Harvey Lembeck, Buster Keaton (Wellenreiter). – P: American International Pictures. – F: 35 mm, Farbe. – OL: 98 min. – U: April 1965.

1965 HOW TO STUFF A WILD BIKINI. – R: William Asher. – B: William Asher, Leo Townsend. – D: Annette Funicello, Dwayne Hickman, Brian Donlevy, Buster Keaton (neugieriger Eingeborener), Mickey Rooney. – P: American International Pictures. – F: 35 mm, Farbe. – OL: 93 min. – U: Juli 1965.

1965 SERGEANT DEADHEAD. – R: Norman Taurog. – B: Louis M. Heyward. – D: Frankie Avalon, Deborah Walley, Fred Clark, Cesar Romero, Buster Keaton. – P: American International Pictures. – F: 35 mm, Farbe. – OL: 89 min. – U: August 1965.

1965 DUE MARINES E UN GENERALE. – R: Luigi Scattini. – D: Franco Franchi, Ciccio Ingrassia, Buster Keaton (deutscher General). – P: Italian International. – F: 35 mm, Farbe. – OL: 90 min. – U: Januar 1967.

1966 A FUNNY THING HAPPENED ON THE WAY TO THE FORUM. Toll trieben es die alten Römer. – R: Richard Lester. – B: Melvin Frank, Michael Pertwee, nach der musikalischen Komödie von Burth Shevelove und Larry Gelbart. – D: Zero Mostel, Phil Silvers, Jack Gilford, Buster Keaton (Erronius), Michael Crawford. – P: Melvin Frank für United Artists. – F: 35 mm, Farbe. – OL: 99 min. – U: November 1966. – BRD-E: 25. 3. 1967. – BRD-L: 97 min. – TV: 15. 9. 1975 (ZDF). – V: United Artists, Frankfurt (35 mm), Meteor (16 mm).

10. Verschiedene Kurzfilme mit Keaton als Darsteller (1932-1966)

1932 THE SLIPPERY PEARLS. – R: ? – D: Wallace Beery, Edward G. Robinson, Norma Shearer, Laurel and Hardy, Eddie Kane, Buster Keaton, Joan Crawford, Douglas Fairbanks Jr. u. v. a. – P: The Hollywood Masquers Club R. K. O. – L: 2 Rollen. – U: 1932.

1936 LA FIESTA DE SANTA BARBARA. – R: Lewis Lewyn. – B: Alexander van Dorn. – D: Chester Conklin, Buster Keaton u. a. –

P: Metro-Goldwyn-Mayer Pictures. – F: 35 mm, Farbe. – L: 2 Rollen. – U: April 1936.

1950 UN DUEL A MORT. – R: Pierre Blondy. – B: Pierre Blondy, Buster Keaton. – D: Buster Keaton. – P: Films Azur, Paris. – F: 35 mm, sw. – OL: 37 min. – U: 1950.

1962 THE TRIUMPH OF LESTER SNAPWELL. – R: James Cahoun. – D: Buster Keaton, Sigrid Nelson, Nana Varela. – P: Eastman Kodak Comp. – F: 35 mm, Farbe. – L: 2 Rollen. – U: 1962. (Werbefilm für die Instamatic-Kamera).

1965 FILM. – R: Alain Schneider. – B: Samuel Beckett. – K: Boris Kaufman. – D: Buster Keaton, Nell Harrison, James Karen, Susan Reed. – P: Evergreen Theatre Inc. – F: 35 mm, sw. – OL: 22 min. – U: September 1965. – V: Freunde der Deutschen Kinemathek, Berlin (35 und 16 mm).

1965 THE RAILRODDER. – R/B: Gerald Potterton. – D: Buster Keaton. – P: The National Film Board of Canada. – F: 35 mm, Farbe. – OL: 24 min. – U: Oktober 1965. – V: Bundesarbeitsgemeinschaft der Jugendfilmclubs, Aachen (16 mm).

1965 BUSTER KEATON RIDES AGAIN. – R: John Spotton. – P: The National Film Board of Canada. – F: 35 mm, sw. – OL: 55 min. – U: Oktober 1965. (Reportage über die Dreharbeiten von THE RAILRODDER). – V: Bundesarbeitsgemeinschaft der Jugendfilmclubs, Aachen (16 mm).

1966 THE SCRIBE. – R: John Sebert. – P: Ann und Kenneth Heely-Ray für Film-Tele-Productions (Kanada). – OL: ca. 40 min.

11. Spielfilm über Keatons Leben (1956/57)

1956/57 THE BUSTER KEATON STORY. Der Mann, der niemals lachte. – R: Sidney Sheldon. – B: Sidney Sheldon, Robert Smith. – D: Donald O'Connor (Buster Keaton), Ann Blyth (Gloria Brent), Rhonda Fleming (Peggy Courtney), Peter Lorre (Kurt Bergner, Regisseur), Larry Keating (Larry Winters), Richard Anderson (Tom McAffee), Dave Willock (Joe Keaton), Claire Carleton (Myra Keaton), Larry White (Buster mit sieben Jahren), Jackie Coogan (Elmer Case). – P: Paramount Pictures Prod./Forum Prod. – F: 35 mm, sw, Vista Vision. – OL: 97 min. – U: April 1957. – BRD-E: 25. 4. 1958. – BRD-L: 93 min. – V: –. Buster Keaton wirkte bei der Realisierung des Films als Berater mit.

Bibliografie

Die Bibliografie enthält zunächst Angaben zu einigen Veröffentlichungen *von* Buster Keaton. Dabei ist, besonders bei den deutschsprachigen Texten, keineswegs sichergestellt, daß die behauptete Autorenschaft zutrifft. Gesichert scheint nur, daß Keaton an der Niederschrift seiner Autobiografie beteiligt war, die er gemeinsam mit Charles Samuels veröffentlicht hat. Bei den Veröffentlichungen *über* Keaton mußte stark ausgewählt werden. An ausländischem Material wurden vor allem Bücher und Zeitschriftenaufsätze berücksichtigt; historisches wurde auf ein Minimum reduziert, da die entsprechenden Texte kaum noch zugänglich sind. In der Regel ist angemerkt, wenn Nachdrucke erfolgt sind. Materialhinweise zu einzelnen Filmen sind konzentriert auf die »großen« Keaton-Filme der zwanziger Jahre. – Die bibliografischen Angaben sind zunächst in vier Sprachbereiche eingeteilt: englisch, französisch, italienisch, deutsch. Innerhalb der Sprachen wurden die Texte chronologisch nach dem Erscheinungsdatum angeordnet. – Nützlich für unsere Zusammenstellung waren: die Bibliografie in der Keaton-Dokumentation des Kommunalen Kinos Frankfurt (1971), eine Literaturliste des British Film Institute (Book Library Bibliography Nr. 23, August 1971), der Anhang in der Monografie von Coursodon (1973) und die Bibliografie in der Dokumentation von Wead/Lellis (1977). – Hilfeleistungen: Manfred Delling (Privatarchiv), Wolfram Tichy, Peter Schulz, Eva Orbanz, Bibliothek der Deutschen Film- und Fernsehakademie Berlin, Deutsches Institut für Filmkunde und Helene Schwarz.

Texte von Buster Keaton

Autobiografie

Buster Keaton with Charles Samuels: My Wonderful World of Slapstick. With an Introduction by Dilys Powell. Garden City, N. Y.: Doubleday 1960/London: Allen & Unwin 1967. 282 S., Abb.

Aufsätze/Artikel:

What Are the Six Ages of Comedy. in: Laurence A. Hughes (Hrsg.): The Truth About the Movies by the Stars. Hollywood: Hollywood Publishers 1924, S. 438-441; franz. in: Cahiers du Cinéma, Nr. 296, Januar 1979.

Why I Never Smile. in: Ladies Home Journal, Nr. 43, Juni 1926; nachgedruckt in: Richard Koszarski: Hollywood Directors 1914-1940. London, Oxford, New York: Oxford University Press 1976, S. 143-152.

(Autobiografische Skizze in:) Hal C. Herman (Hrsg.): How I Broke

into the Movics: Signed Autobiographies by Sixty Famous Screen Stars. Hollywood: Hal C. Herman 1928, S. 110-111.
(Autobiografische Skizze in:) Harry T. Brundidge (Hrsg.): Twinkle, Twinkle, Movie Star! New York: E. P. Dutton 1930, S. 205-211.
Quand la comédie est chose sérieuse (1928). in: Cahiers du Cinéma, Nr. 296, Januar 1979. – Le sens de l'humour et la loi des contrastes. in: Pour Vous, Nr. 193, 28. 7. 1932. – Le Métier de faire rire (1932). in: Marcel Lapierre (Hrsg.): Anthologie du Cinéma. Paris: La Nouvelle Edition 1946, S. 355-359.

Marginalien, die angeblich von Keaton verfaßt worden sind: (Kurzer Lebenslauf), in: Filmkünstler/Wir über uns selbst. Hrsg. von Hermann Treuner. Berlin: Sibyllen-V. 1928, unpag. – Unterwegs. in: Wir vom Film. Hrsg. von Stefan Lorant. Berlin: Theater- und Filmverlagsgesellschaft 1928, S. 54-55. – »Ernste Sache«. in: Film-Photos wie noch nie. Hrsg. von Edmund Bucher und Albrecht Kindt. Gießen: Kindt und Bucher 1929, S. 41. – Mein dummes Gesicht. in: Das Kunstblatt 1929, Nr. 3. – Regeln zur Verhinderung von Autounfällen. in: Hinter den Kulissen des Films. Hrsg. von Felix Daniel. Berlin: Allgemeine Verlags- und Druckerei-Ges. o. J., S. 72.

Über Buster Keaton

Bücher/Broschüren
engl.:
Rudi Blesh: Keaton. New York: Macmillan 1966; London: Secker & Warburg 1967. 395 S., Abb., Filmogr., Index. Als Paperback: New York: Collier Books 1971.
Jean-Pierre Lebel: Buster Keaton. Translated by P. D. Stovin. New York: A. S. Barnes; London: A. Zwemmer 1967. 179 S., Abb., Filmogr. (Aus dem Franz.)
David Robinson: Buster Keaton. London: Secker & Warburg; Bloomington: Indiana University Press 1969. 198 S., Abb., Filmogr., 2. Aufl. 1970. (Cinema One 10. Behandelt nur die Stummfilme von Keaton). Franz. in: La Revue du Cinéma/Image et Son, Nr. 234, Dezember 1969.
George Wead: Buster Keaton and the Dynamics of Visual Wit. Phil. Diss., Northwestern University 1973. New York: Arno Press 1976. 370 S., Bibliogr.
Richard J. Anobile: The Best of Buster. The Classic Comedy Scenes direct from the Films of Buster Keaton. Introduction by Raymond Rohauer. New York: Darien House 1976. 256 S. (Fotobuch mit Szenen aus THE GOAT, SHERLOCK JR., THE NAVIGATOR, SEVEN CHANCES, GO WEST, THE GENERAL).

Daniel Moews: Keaton. The Silent Features Close Up. Berkeley, Los Angeles, London: University of California Press 1977. 337 S., Index.
George Wead and George Lellis: The Film Career of Buster Keaton. Boston, Mass.: G. K. Hall 1977. 174 S., Filmogr., Bibliogr. Index. (A Reference Publication in Film).
Tom Dardis: Keaton. The Man Who Wouldn't lie Down. New York: Scribner's Sons 1979. 340 S., Abb., Filmogr., Bibliogr.
franz.:
Marcel Oms: Buster Keaton. Lyon: Serdoc 1964. 90 S., Abb., Filmogr., Bibliogr. (Premier Plan 31).
Jean-Patrick Lebel: Buster Keaton. Paris: Editions Universitaires 1964. 191 S., Abb., Filmogr. (Classiques du Cinéma 17).
Michel Denis: Buster Keaton. 1895–1966. Paris: Avant-Scène du Cinéma 1971. 68 S., Abb., Filmogr. (Anthologie du Cinéma 62).
Jean-Pierre Coursodon: Buster Keaton. Les films. La mise en scène. Le gag. Rapport au monde, rapport aux autres. Thèmes keatoniens. La querelle du ›comique pur‹. Paris: Seghers 1973. 476 S., Abb., Filmogr., Bibliogr. (Cinéma Club. Dieses Buch ist die bisher umfangreichste und sachkundigste Arbeit über Keaton).
ital.:
José Pantieri: L'originalissimo Buster Keaton. Milano: Centro studi cinematografici 1963. 72 S., Abb., Filmogr., Bibliogr.
Davide Turconi e Francesco Savio (Hrsg.): Buster Keaton. Venezia: M. I. A. C. 1963. 90 S., Abb., Filmogr., Bibliogr.
Gianni Rondolino: Buster Keaton. Turino: Ed. A. I. A. C. E. 1970.
Piero Arlorio (Hrsg.): Il Cinema di Buster Keaton. Roma: Samonà e Savelli 1972. 122 S., Abb., Filmogr., Bibliogr. (Cultura Politica 92).
Giorgio Cremonini: Buster Keaton. Firenze: La Nuova Italia 1976. 127 S., Filmogr., Bibliogr. (Il Castoro Cinema 28).
dt.:
Winfried Günther und Wolfram Tichy (Zusammenstellung): Buster Keaton. Eine Dokumentation. Frankfurt a. M.: Kommunales Kino 1971. 60 S., Abb., Filmogr., Bibliogr.

Bücher, die sich u. a. mit Keaton beschäftigen (Auswahl):
John Montgomery: Comedy Films 1894-1954. London: Allen and Unwin 1954 (über Keaton S. 153-156), 2. Auflage 1968 (über Keaton S. 140-146). – William Cahn: The Laughmakers: A Pictorial History of American Comedians. New York: G. P. Putnam's Sons 1957. – Richard Schickel: The Stars. New York: Bonanza Books 1962 (über Keaton S. 98-99). – James Agee: Agee on Film. Boston: Beacon Press 1964 (darin ein Aufsatz: Comedy's Greatest Era). – William Cahn: Harold Lloyd's World of Comedy. New York: G. P. Putnam's Sons 1964/London: Allan and Unwin 1966 (über Keaton S. 62-65). – Kalton C. Lahue: The World of Laughter. Norman: University of Okla-

homa Press 1966 (über Keaton S. 140- 146). – Walter Kerr: Tragedy and Comedy. New York: Simon & Schuster 1967 (über Keaton S. 194-213). – Kevin Brownlow: The Parade's Gone By. London: Secker & Warburg; New York: Knopf 1968 (ein wichtiges Keaton-Kapitel mit vielen primären Informationen S. 473-492). – Paperback in New York: Ballantine Books 1969 und 1970 (über Keaton: S. 543-568), deutsch von Wolfram Tichy in: Filmjournal (herausgegeben vom Kommunalen Kino Frankfurt) Nr. 1/2, Februar 1972, S. 30-40. – Donald W. McCaffrey: 4 Great Comedians. London: A. Zwemmer/ New York: A. S. Barnes & Co. 1968 (über Keaton S. 83-104, außerdem über Chaplin, Langdon und Lloyd). – David Robinson: Hollywood in the Twenties. London: A. Zwemmer:New York: A. S. Barnes & Co. 1969 (über Keaton S. 125-130). – David Robinson: The Great Funnies. New York: E. P. Dutton 1969 (über Keaton S. 70-76). – Hugh Kenner: The Counterfeiters. Bloomington/London: Idiana University Press 1968, deutsch: Von Pope zu Pop. München: Rogner und Bernhard 1969, darin: Der vernunftbegabte Mensch: Buster Keaton. S. 45-68. – Raymond Durgnat: The Crazy Mirror. London: Faber and Faber 1969 (S. 84-88 über Keaton und Lloyd). – Leonard Maltin: The Great Movie Shorts. New York: Crown Publ. 1972 (S. 154-160 über die Kurzfilme von Keaton für Educational Film Corp. und Columbia). – Penelope Gilliatt: Unholy Fools. New York: Viking Press; London: Secker & Warburg 1973 (über Keaton S. 45-54). – Gerald Mast: The Comic Mind, Indianapolis, New York: Bobbs-Merrill 1973 (sehr gutes Kapitel über Keatons Komik S. 125-146). – Frank Manchel: Yesterday's Clowns. New York: Franklin Watts 1973 (über Keaton S. 73-93). – Stanley Hochman (Hrsg.): American Film Directors: A Library of Film Criticism. New York: Ungar 1974 (über Keaton S. 213-218). – Stuart Kaminsky: American Film Genres. Dayton, Ohio: Pflaum Publ. 1974 (über Keaton S. 153-156). – David Thomson: A Biographical Dictionary of the Cinema. London: Secker & Warburg 1975 (über Keaton S. 280-282). – Walter Kerr: The Silent Clowns. New York: Knopf 1975 (über Keaton u. a. S. 117-150, 211-261). – Leo Braudy and Morris Dickstein (Hrsg.): Great Film Directors. New York: Oxford University Press 1978 (über Keaton Beiträge von P. Houston, L. Buñuel, G. Mast S. 509-540). – Leonard Maltin: The Great Movie Comedians. New York: Crown 1978 (über Keaton S. 32-45). – David Robinson: Buster Keaton. in: Richard Roud (Hrsg.): Cinema. A Critical Dictionary. London: Secker & Warburg 1980, S. 542-548.

Paul Gilson: Ciné-Magic. Paris: André Bonne 1951 (S. 99-103: Buster Keaton ou le génie de la distraction). – Henri Agel: Les Grands Cinéastes. Paris: Ed. Universitaires 1959, S. 57-62, in der 2. Auflage 1960 S. 59-64. Überarbeitet unter dem Titel: Les Grands Cinéastes que je propose. Paris: Cerf 1967 (über Keaton S. 42-47). – Jean-

Pierre Coursodon: Keaton et Cie. Paris: Seghers 1964 (enthält ein Kapitel über Keaton S. 51-63, den auszugsweisen Nachdruck des Interviews von Christopher Bishop, sowie Filmografie und Bibliografie). – Francois Mars: Le Gag. Paris: Cerf 1964 (zuerst als Serie in: Cahiers du Cinéma, 1960-61). – Pierre Galante: Les Rois du rire. Paris: Hachette 1972 (über Keaton S. 83-105, vor allem Fotos in hervorragender Qualität). – Georges Sadoul: Histoire générale du cinéma. Bd. 6. L'Art muet 1919-1929 (Paris:) Denoel 1975 (über Keaton S. 273-289).
Enno Patalas: Sozialgeschichte der Stars. Hamburg: Marion von Schröder 1963 (über Keaton S. 66-68), auch als Fischer-Taschenbuch Nr. 818 unter dem Titel: Stars. Frankfurt am Main 1967 (dort S. 41-43). – Michael Hanisch: Über sie lach(t)en Millionen. Buster Keaton. Harold Lloyd. Laurel & Hardy. Berlin (DDR): Henschel 1976. Abb., Filmogr., Index (über Keaton S. 9-73, 206-214). – Georg Seeßlen: Klassiker der Filmkomik. München: Roloff und Seeßlen 1976 (über Keaton S. 55-57).

Aufsätze
William Goldbeck: Only Three Weeks. in: Motion Picture Magazine, Oktober 1922. – Harry Brand: They Told Buster to Stick to it. in: Motion Picture Classic, Juni 1926. – James Agee: Great Stone Face. in: Life v. 5. 9. 1949. – Peter John Dyer: Cops Custard – and Keaton. in: Films and Filming, Vol. 4, Nr. 11, August 1958. – Christopher Bishop: »The Great Stone Face«. in: Film Quarterly, Vol. 12, Nr. 1, Herbst 1958. – Brian Baxter: Buster Keaton. in: Film (London) Nr. 18, November-Dezember 1958. – David Robinson: Buster. in: Sight and Sound, Vol. 29, Nr. 1, Winter 1959-60, deutsch gekürzt in: Film (Velber) 1966, Nr. 3. – Donald W. McCaffrey: The Mutual Approval of Keaton and Lloyd. in: Cinema Journal, Nr. 6, 1966-67. – Eric Rhode: Buster Keaton. in: Encounter, Dezember 1967. – Penelope Houston: The Great Blank Page. in: Sight and Sound Vol. 37, Nr. 2, Frühjahr 1968. – Andrew Sarris: Buster Keaton and Samuel Beckett. in: Columbia Forum, Vol. 12, Nr. 4, Winter 1969; nachgedruckt in: A. S.: The Primal Screen. New York: Simon & Schuster 1973, S. 165-169. – Penelope Gilliatt: Current Cinema. in: The New Yorker v. 26. 9. 1970; nachgedruckt in: David Denby (Hrsg.): Film 70/71. New York: Simon & Schuster 1971, S. 269-276, und in: Stuart Byron and Elisabeth Weis (Hrsg.): Movie Comedy. Harmondsworth, Middlesex; New York: Penguin Books 1977, S. 18-23. – Stanley Kauffmann: Buster Keaton Festival. in: The New Republic v. 24. 10. 1970; nachgedruckt in: S. K.: Living Images. New York etc.: Harper & Row 1975, S. 19-22. – Jeremy Cott: The Limits of Silent Film Comedy. in: Literature/Film Quarterly, Vol. 3, Nr. 2, Frühjahr

1975 (Analyse von Chaplin und Keaton). – Andrew Sarris: Buster Keaton Festival. in: The Village Voice v. 26. 1. 1976.
Judith Erebe: Sur le film comique et singulièrement sur Buster Keaton. in: Crapouillot, August 1927, nachgedruckt in: Crapouillot, Januar 1963. – Robert Aron: Les films de Buster Keaton, films de révolte. in: Revue du Cinéma, Nr. 5, November 1929. – Henrietta Nizan: Portrait de Buster Keaton. in: Le Magasin du Spectacle, August 1946. – José Zendel: Buster Keaton. in: Les Lettres françaises v. 2. 10. 1952. – André Martin: Le mécano de la pantomime. in: Cahiers du Cinéma, Nr. 86, August 1958. – John Schmitz: Buster sur le qui-vive. in: Cahiers du Cinéma, Nr. 86, August 1958. – J. P. Coursodon: Buster Keaton, le conquérant solitaire. in: Cinéma (Paris) Nr.30, September-Oktober 1958. – Jean-Marc Leuwen: Buster Keaton. in: Cinéma (Paris) Nr. 49, August-September 1960. – Michel Mardore: Le plus bel animal du monde. in: Cahiers du Cinéma, Nr. 130, April 1962. – Claude Beylie/Jean-André Fieschi/Claude Ganteur/Michel Mardore: Rétrospective Buster Keaton. in: Cahiers du Cinéma, Nr. 130, April 1962 (anläßlich einer Retrospektive in Paris). – Claude Ganteur: Charlot et l'Anti-Charlot ou la revanche du Buster. in: Cinéma (Paris) Nr. 69, September-Oktober 1962. – Claude Miller: Le retour de Buster Keaton. in: Téléciné, Nr. 107, Oktober-November 1962. – Pierre Etaix: Merci Mr. Keaton. in: Arts v. 30. 1. 1963, Nr. 901. – Robert Benayoun: Le Regard de Buster Keaton. in: Positif, Nr. 77-78, Frühjahr 1966. – Robert Benayoun: Le Colosse de silence. in: Positif, Nr. 77-78, Frühjahr 1966. – Sylvain du Pasquier: Les Gags du Buster Keaton. in: Communications, Nr. 15, 1970; engl. (ergänzt) in: Journal of Modern Literature, Vol. 3, Nr. 2, April 1973. – Anne Villelaur: Buster Keaton. in: Dossiers du Cinéma. Cinéastes I. Tournay: Casterman 1971, S. 133-140. – Guy Allombert: V. I. P./B. I. S. in: La Revue du Cinéma/Image et Son, Nr. 269, 1973. – Jean-Jacques Bernard: Keaton algebrique. in: Cinématographe, Nr. 14, August-September 1975.
Emilio Cecchi: Buster Keaton. in: Scenario, Nr. 3, April 1932. – d. t. (Davide Turconi): Buster Keaton. in: Filmlexicon degli autori e delle opere. Rom: Edizioni di Bianco e Nero 1959, Band III, Spalten 590-593. – F. S. (Francesco Savio): Buster Keaton. in: Enciclopedia dello Spettacolo. Rom: Casa Editrice la Maschere 1959, Band VI, Spalten 921-924. – Umberto Barbaro: Buster Keaton e »La palla n. 13«. in: U. B.: Servitú e grandezza del cinema. Rom: Ed Riuniti 1962, S. 109-116 (nachgedruckt aus l'Unita v. 26. 7. 1953 und 15. 8. 1956). – Ernesto G. Laura: Buster Keaton nel periodo muto. in: Bianco e Nero 1963, Nr. 10-11 (Oktober-November). – Mario Orsini: Appunti sul grande comico/Davide Turconi: Note biografiche. in: Cineforum (Venedig) Nr. 36, Juni 1964. – Guido Aristarco: L'età d'oro di Keaton e del cinema sovietico. in: Cinema Nuovo, Nr. 165, September-Oktober

1963. – Claudio Rispoli/Adriano Apra: Razionalismo e »conformismo« di Buster Keaton. in: Filmcritica, Nr. 164, Februar 1966. – Franco Prono: Un volto impassibile sull'American way of life. in: Cinema Nuovo, Nr. 217, Mai-Juni 1972.
Marieluise Fleißer in: Germania v. 9. 8. 1930; nachgedruckt in: M. F.: Gesammelte Werke II. Frankfurt a. M.: Suhrkamp 1972, S. 321-323. – Hans Winge: Der Komiker mit dem traurigen Gesicht. in: Neue Zürcher Zeitung v. 21. 10. 1961. – G-z (Erwin Goelz): Vom Trödelmarkt des bewegten Bildes. in: Stuttgarter Zeitung v. 2. 3. 1962. – Enno Patalas: Versuch über Buster. in: Filmkritik 1964, Nr. 9 (September), nachgedruckt in: Filmjournal (herausgegeben vom Kommunalen Kino Frankfurt) Nr. 1/2, Februar 1972, und in: Grafe/Patalas: Im Off/Filmartikel. München: Hanser 1974, S. 178-189. – Hartmut Engelmann: Buster Keaton. in: Regisseur-Biographien III, hrsg. von der Arbeitsgemeinschaft der deutschen Jugendfilmclubs, Aachen 1967. – Fritz Hirzel: Das große Steingesicht oder Pioniere angesichts der Katastrophe. in: Cinema (Adliswil) Nr. 66-67, Sommer 1971 (Themenheft »Klassiker der Filmkomik«). – Wilfried Wiegand: Keaton oder Chaplin, in FAZ v. 8. 12. 1971. – Wolfram Schütte: Buster & Keaton. in: Frankfurter Rundschau, Weihnachten 1971, nachgedruckt (leicht gekürzt) in: Neue Zürcher Zeitung v. 15. und 22. 1. 1972. – Edgar Wettstein/Hansjakob Belser: Buster Keaton. Biographische Skizze/Buster Keatons Regie. in: Zoom-Filmberater v. 20. 9. 1973, Nr. 18. – Edgar Wettstein: Buster Keatons früheste Langfilme. in: Zoom-Filmberater v. 6. 12. 1973, Nr. 23 (über THE THREE AGES, OUR HOSPITALITY, SHERLOCK JR.). – H. G. Pflaum: Ein Schlafwandler im Wirbelsturm. in: Süddeutsche Zeitung v. 4. 6. 1974. – Fred van der Kooy: Fragmente einer Zelluloidkarrosserie. in: Cinema (Zürich) 1974, Nr. 3 (über die Autos in Keaton-Filmen). – Thomas Brandlmeier: Ganz und gar nicht Lustiges: Buster Keaton, der weiße Clown. in: Film & Ton-Magazin 1976, Nr. 4 (April).

Interviews

Christopher Bishop: An Interview with Buster Keaton. in: Film Quarterly, Vol. 12, Nr. 1, Herbst 1958, nachgedruckt in: Andrew Sarris (Hrsg.): Interviews with Film Directors. Indianapolis: Bobbs-Merrill 1967, S. 226-237; New York: Avon Books 1969, S. 274-286. franz. in: Cinéma (Paris), Nr. 49, August-September 1960. – Kevin Brownlow: Buster Keaton. An Interview. in: Film (London) Nr. 42, Frühjahr 1965. – Rex Reed: Keaton. Still Making the Scene. in: The New York Times v. 17. 10. 1965; nachgedruckt in: R. R.: Do You Sleep in the Nude? New York: New American Library 1968, S. 121-123 (angeblich das letzte Keaton-Interview). – John Gillett/James Blues: Keaton at Venice. in: Sight and Sound, Vol. 35, Nr. 1, Winter 1965-66. franz. in: Cinéma (Paris) Nr. 105, April 1966. – Arthur B. Friedman: Buster

Keaton: An Interview. in: Film Quarterly, Vol. 19, Nr. 4, Sommer 1966. – Herbert Feinstein: Interview with Buster Keaton. in: Kino (Westberlin), Nr. 4, Januar 1967 (nachgedruckt aus The Massachusetts Review). franz. in: Cahiers du Cinéma, Nr. 175, Februar 1966. O. V.: Keaton vous parle. in: Bifur, Dezember 1929, nachgedruckt in: Contre-Champ, Nr. 3, Mai 1962. – John Schmitz: Une rencontre avec Buster Keaton. in: Cahiers du Cinéma, Nr. 86, August 1958. – Georges Sadoul: Un diner avec Buster Keaton. in: Les Lettres françaises v. 1. 3. 1962. – o. V.: A quatre temps. in: Cahiers du Cinéma, Nr. 130, April 1962. dt. in: Atlas Filmheft Nr. 16. – Gérard Gozlan et Guy Braucourt: Buster Keaton vu par ... in: Ecran (Paris) Nr. 11, Januar 1973 (Auszüge aus verschiedenen Interviews *über* Keaton).
Buster Keaton. Zum Selbstverständnis des Films II. in: Filmkritik 1965, Nr. 3 (es handelt sich um die Auszüge aus den Interviews mit Bishop, Schmitz und dem anonymen Cahiers du Cinéma-Interview v. April 1962).

Biografische Notizen (deutschsprachig)
Werner Schwier: ABC der Komiker (Teil II). in: Film (München) Nr. 8, Juni-Juli 1964. – Joachim Reichow/Michael Hanisch: Filmschauspieler A-Z. Berlin DDR: Henschel 1971, S. 213-214. – Georg Seeßlen: Romantik und Gewalt, Band 2. München: Manz 1973, S. 146-149. – Dieter Krusche/Jürgen Labenski: Reclams Filmführer. Stuttgart: Reclam 1973, S. 639-640 (3., erweiterte Auflage 1977, S. 675-676; in diesem Buch werden außerdem folgende Keaton-Filme behandelt: BATTLING BUTLER, THE GENERAL, THE NAVIGATOR, OUR HOSPITALITY, THE PALEFACE). – Liz-Anne Bawden/Wolfram Tichy: Buchers Enzyklopädie des Films. Luzern und Frankfurt a. M.: Bucher 1977, S. 404-406; als Taschenbuch: rororo Filmlexikon: Reinbek 1978. Bd. 5, S. 1097-1100 (unter den Literaturangaben wird dort genannt: Wolfram Tichy: Buster Keaton. Reinbek 1977. Das Buch ist bisher nicht erschienen).

Nachrufe
Bosley Crowther in: The New York Times v. 2. 2. 1966. – o. V. in: Time v. 11. 2. 1966, Nr. 6. – Joseph Morgenstern in: Newsweek v. 14. 2. 1966. – P. H. (Penelope Houston) in: Sight and Sound, Vol. 35, Nr. 2, Frühjahr 1966.
Michel Cournot in: Le Nouvel Observateur v. 9. 2. 1966. – Georges Sadoul in: Les Lettres françaises v. 10. 2. 1966. – Jean-Claude Carriere/André Martin in: Cinéma (Paris) Nr. 104, März 1966. – Gilbert Salachas in: Téléciné, Nr. 128, Mai-Juni 1966.
Volker Baer in: Der Tagesspiegel v. 2. 2. 1966. – Else Goelz in: Stuttgarter Zeitung v. 3. 2. 1966. – Klaus Hellwig in: Frankfurter Rund-

schau v. 3. 2. 1966. – B. J. (Brigitte Jeremias) in: FAZ v. 3. 2. 1966. – F. L. (Friedrich Luft) in: Die Welt v. 3. 2. 1966. – ms. (Martin Schlappner) in: Neue Zürcher Zeitung v. 6. 2. 1966. – Uwe Nettelbeck in: Die Zeit v. 11. 2. 1966.

Literarische Hommage
Federico García Lorca: El Paseo de Buster Keaton. zuerst in: Tres Farsas. Mexico City: Celeccion Teatro de Bolsillo 1959; engl. in: Sight and Sound, Vol. 35, Nr. 1, Winter 1965-66; dt. in: F. G. L.: Drei kurze Spiele. Zürich: Die Arche 1956.

Zu einzelnen Filmen

THE GOAT.
Material: Atlas Filmheft Nr. 16 (Redaktion: Werner Schwier).
Kritiken: Hans-Dieter Roos in: Süddeutsche Zeitung v. 12. 3. 1963. pat (Enno Patalas) in: Filmkritik 1963, Nr. 4 (April). – Friedrich von Westernhagen in: Film (München) Nr. 1, April-Mai 1963. – H. S. (Hans Stempel) in: (Kathol.) Filmdienst v. 22. 5. 1963 (FD-Nr. 11.955). – Hu. in: FAZ v. 5. 10. 1963. – Heinz Ungureit in: Frankfurter Rundschau v. 14. 10. 1963.

THE PALEFACE.
Material: Atlas Filmheft Nr. 16 (Redaktion: Werner Schwier).
Kritiken: siehe THE GOAT, der zusammen mit THE PALEFACE und COLLEGE in einem Programm gezeigt wurde.

THE THREE AGES.
Material: Illustrierter Film-Kurier Nr. 225 (1925).
Kritiken: Robert E. Sherwood in: Life v. 25. 10. 1923. – o. V. in: Photoplay, November 1923.
Noël Simsolo in: La Revue du Cinéma/Image et Son, Nr. 287, September 1974.
Herbert Jhering in: Berliner Börsen-Courier v. 9. 9. 1925, nachgedruckt in: H. J.: Von Reinhardt bis Brecht, 2. Band. Berlin DDR 1959, S. 497-498. – Vinzenz B. Burg in: (Kathol.) Filmdienst v. 25. 6. 1974 (FD-Nr. 18.863).

OUR HOSPITALITY.
Material: Illustrierter Film-Kurier Nr. 119 (1924). – Film-Blätter Nr. 3 (1964) hrsg. vom Staatlichen Filmarchiv der DDR.
Kritik: o. V. in: The New York Times v. 10. 12. 1923. – Robert E. Sherwood in: Life v. 3. 1. 1924.

SHERLOCK JR.
Material: Illustrierter Film-Kurier Nr. 175 (1925).
Kritik: o. V. in: The New York Times v. 26. 5. 1924. – Robert

E. Sherwood in : Life v. 19. 6. 1924. – o. V. in: Photoplay, Juli 1924.

Jacques Siclier in: Le Monde v. 5. 7. 1975.

A. F. S. (Arnd F. Schirmer) in: Der Tagesspiegel v. 9. 10. 1971.

Analyse: Raymond Levèfre in: La Revue du Cinéma/Image et Son, Nr. 308, 1976-77.

THE NAVIGATOR.

Material: Illustrierter Film-Kurier Nr. 313 (1925).

Kritiken: Mordaunt Hall in: The New York Times v. 13. 10. 1924. – Robert E. Sherwood in: Life v. 6. 11. 1924. – Michel Capdenac in: Les Lettres françaises v. 18. 12. 1968. – Jean-Louis Bory in: Le Nouvel Observateur v. 30. 12. 1968. – Claude Mauriac in: Le Figaro Littéraire v. 30. 12. 1968. – Patrice Leconte in: Cahiers du Cinéma, Nr. 209, Februar 1969. – Hubert Arnault in: Image et Son, Nr. 226, März 1969. – Raymond Levèfre in: Cinéma (Paris) Nr. 135. April 1969.

ejW (Edgar J. Wettstein) in: (Kathol.) Filmdienst v. 13. 7. 1971 (FD-Nr. 17.395). – V. B. (Volker Baer) in: Der Tagesspiegel v. 16. 1. 1975.

Analysen: Fernand Bacconier/Pierre Loubière in: Téléciné, Nr. 157, Dezember 1969 (Fiche Nr. 518). – Hubert Arnault in: La Revue du Cinéma/Image et Son Nr. 244, 1970.

SEVEN CHANCES.

Kritiken: Mordaunt Hall in: The New York Times v. 17. 3. 1925. – Robert E. Sherwood in: Life v. 9. 4. 1925.

François Chevassu in: Image et Son, Nr. 229, Juni 1969 (zusammen mit Chaplins »The Circus«). – Jean-Pierre Oudart in: Cahiers du Cinéma, Nr. 214, Juli-August 1969. – Guy Hennebelle in: Cinéma (Paris) Nr. 138, Juli-August 1969. – Hubert Arnault in: La Revue du Cinéma/Image et Son, Nr. 244, 1970.

Siegfried Kracauer in: Frankfurter Zeitung (undatierbar), nachgedruckt in: Karsten Witte (Hrsg.): Siegfried Kracauer Kino. Frankfurt am Main 1974, suhrkamp taschenbuch Nr. 126, S. 180. – S. Sch. (Siegfried Schober) in: Süddeutsche Zeitung v. 8. 6. 1973. – G. P. (Günther Pflaum) in: (Kathol.) Filmdienst v. 26. 6. 1973 (FD-Nr. 18.356). – Robert Rademann in: Der Tagesspiegel v. 17. 8. 1973.

Analysen: Fernand Bacconier in: Téléciné Nr. 161, April 1970 (Fiche Nr. 529). – Claude Jean Philippe in : Dossiers du Cinéma. Films I. Tournay: Casterman 1971, S. 93-96.

GO WEST.

Kritiken: Mordaunt Hall in: The New York Times v. 26. 10. 1925. – Robert E. Sherwood in: Life v. 19. 11. 1925.

Eckhart Schmidt in: Süddeutsche Zeitung v. 5. 2. 1964. – Frieda

Grafe in: Filmkritik 1964, Nr. 3 (März). – Rudolf Thome in: Film (München) Nr. 7, April-Mai 1964. – SB (Stefan Bamberger) in: (Kathol.) Filmdienst v. 12. 8. 1969 (FD-Nr. 16.277).

BATTLING BUTLER.

Material: Atlas Filmheft Nr. 34 (Redaktion: Werner Schwier).

Kritiken: Mordaunt Hall in: The New York Times v. 23. 8. 1926. – Robert E. Sherwood in: Life v. 16. 9. 1926.

Eckhart Schmidt in: Süddeutsche Zeitung v. 5. 2. 1964. – Frieda Grafe in: Filmkritik 1964, Nr. 3 (März). – Rudolf Thome in: Film (München) Nr. 7, April-Mai 1964. – L. Sch. (Leo Schönecker) in: (Kathol.) Filmdienst v. 15. 7. 1964 (FD-Nr. 12.831). – Manfred Delling in: Die Welt v. 30. 7. 1964. – Volker Baer in: Der Tagesspiegel v. 30. 7. 1964.

THE GENERAL.

Fotobuch: Richard J. Anobile (Hrsg.): Buster Keaton's The General. Introduction by Raymond Rohauer with Special Interview with Marion Mack. New York: Darien House 1975. 256 S.

Filmbeschreibung: Le Mécano de la ›General‹. in: L'Avant-Scène Cinéma, Nr. 155, Februar 1975. (Filmprotokoll und verschiedene Texte zum Film).

Material: Illustrierter Film-Kurier Nr. 589 (1927). – Atlas Filmheft Nr. 2 (Redaktion: Werner Schwier).

Kritiken: Mordaunt Hall in: The New York Times v. 8. 2. 1927. – Robert E. Sherwood in: Life v. 24. 2. 1927. – o. V. in: Photoplay, März 1927. – Penelope Houston in: Sight and Sound, Vol. 22, Nr. 4, April-Juni 1953. – Philip Strick in: Films and Filming, Vol. 7, Nr. 12, September 1961. – Allen Eyles in: Films and Filming, Vol. 10, Nr. 1, Oktober 1963. – Gerald Mast in: Cinema Journal, Vol. 9, Nr. 2, Frühjahr 1970. – Vincent Canby in: The New York Times v. 1. 8. 1971.

Georges Sadoul in: Les Lettres françaises v. 28. 6. 1962. – Claude Mauriac in: Le Figaro Littéraire v. 30. 6. 1962.

Herbert Jhering in: Berliner Börsen-Courier v. 5. 4. 1927, nachgedruckt in: H. J.: Von Reinhardt bis Brecht. 2. Band. Berlin DDR 1959, S. 532-534. – Siegfried Kracauer in: Frankfurter Zeitung v. 5. 5. 1927, nachgedruckt in: Karsten Witte (Hrsg.): Siegfried Kracauer Kino. Frankfurt am Main 1974, suhrkamp taschenbuch Nr. 126, S. 181-183. – Hans-Dieter Roos in: Süddeutsche Zeitung v. 1. 2. 1962. – Caliban (Willy Haas) in: Die Welt v. 5. 2. 1962. – Ev. (Franz Everschor) in: (Kathol.) Filmdienst v. 7. 2. 1962 (FD-Nr. 10.850). – Ipk. in: FAZ v. 15. 2. 1962. – ktl (Theodor Kotulla) in: Filmkritik 1962, Nr. 3 (März). – Karena Niehoff in: Der Tagesspiegel v. 24. 3. 1962. – ms. (Martin Schlappner) in: Neue Zürcher Zeitung v. 28. 4. 1962.

Analysen/Aufsätze: Bosley Crowther: The Great Films. New York: G. P. Putnam's Sons 1967, S. 60-65. – E. Rubinstein: Filmguide to The General. Bloomington und London: Indiana University Press 1973 (Analyse und diverse Materialien). – George Wead: The Great Locomotive Chase. in: American Film, Vol. 2, Nr. 9, Juli-August 1977. – William Wolf with Lillian Kramer Wolf: Landmark Films. New York and London: Paddington Press 1979, S. 44-51.
Claude Miller in: Téléciné, Nr. 107, Oktober-November 1962 (Fiche Nr. 410). – Hubert Arnault in: Image et Son, Nr. 185, Juni 1965.

COLLEGE.

Material: Illustrierter Film-Kurier Nr. 730 (1927). – Atlas Filmheft Nr. 16 (Redaktion: Werner Schwier).

Kritiken: Mordaunt Hall in: The New York Times v. 12. 9. 1927. – Robert E. Sherwood in: Life v. 29. 9. 1927. – o. V. in: Photoplay, November 1927. – Tome Milne in: Monthly Film Bulletin, Nr. 489, Oktober 1974.
Luis Buñuel in: Les Cahiers d'art, Nr. 10, 1927, nachgedruckt in: Cinéma (Paris) Nr. 105, April 1966; engl. in: Francisco Aranda: Luis Buñuel: A Critical Biography. London: Secker & Warburg 1975, S. 272-273. – Denis Levy in: Téléciné, Nr. 185, Februar 1974. – Paul Vecchiali in: La Revue du Cinéma/Image et Son, Nr. 281, Februar 1974, und Nr. 288-289, Oktober 1974. – Claude Beylie in: Ecran 74 (Paris) Nr. 23, März 1974.
Deutsche Kritiken siehe THE GOAT, der zusammen mit THE PALEFACE und COLLEGE in einem Programm gezeigt wurde. Außerdem: Michel Hangartner in: Zoom-Filmberater v. 7. 1. 1976, Nr. 1.

Analyse: Michel Humbert in: La Revue du Cinéma/Image et Son, Nr. 297 bis, 1975.

STEAMBOAT BILL JR.

Material: Illustrierter Film-Kurier Nr. 900 (1928).

Kritiken: Mordaunt Hall in: The New York Times v. 15. 5. 1928. – Robert E. Sherwood in: Life v. 31. 5. 1928.
Gérard Langlois in: Les Lettres françaises v. 8. 4. 1970. – Michel Mardore in: Le Nouvel Observateur v. 13. 4. 1970.
Pierre Leroy in: Téléciné Nr. 162, Mai-Juni 1970. – Mireille Amiel in: Cinéma 70 (Paris) Nr. 147, Juni 1970.
Siegfried Kracauer in: Frankfurter Zeitung v. 27. 11. 1928, nachgedruckt in: Karsten Witte (Hrsg.): Siegfried Kracauer Kino. Frankfurt am Main 1974, suhrkamp taschenbuch Nr. 126, S. 183-184. – V. B. (Volker Baer) in: Der Tagesspiegel v. 8. 9. 1974. – ejw (Edgar J. Wettstein) in: (Kathol.) Filmdienst v. 29. 10. 1974 (FD-Nr. 19.033).

Analysen/Aufsätze: E. Rubinstein: Observations on Keaton's ›Steamboat Bill Jr.‹. in: Sight and Sound, Vol. 44, Nr. 4, Herbst 1975.
Anne Villelaur in: Dossiers du Cinéma. Films II. Tournay: Casterman 1972, S. 193-196. – Noël Simsolo in: La Revue du Cinéma/ Image et Son, Nr. 269, 1973.

THE CAMERAMAN.
Material: Illustrierter Film-Kurier Nr. 1235 (1929).
Kritiken: Mordaunt Hall in: The New York Times v. 17. 9. 1928. – Robert E. Sherwood in: Life v. 5. 10. 1928. – Geoff Brown in: Monthly Film Bulletin, Nr. 520, Mai 1977. – John Gillett in : Focus on Film, Nr. 26, 1977.
Pierre Billard in: L'Express v. 22. 4. 1968. – G. L. (Gérard Langlois) in: Les Lettres françaises v. 24. 4. 1968.
Claude Beylie in: Cinéma (Paris) Nr. 128, August-September 1968. – Max-Herve Thomas in: Jeune Cinéma, Nr. 45, März 1970.
Wilfried Wiegand in: Die Welt v. 27. 7. 1968. – ms. (Martin Schlappner) in: Neue Zürcher Zeitung v. 24. 5. 1969. – Frieda Grafe in: Süddeutsche Zeitung v. 27. 8. 1973, nachgedruckt in: Grafe/Patalas: Im Off/Filmartikel, München: Hanser 1974, S. 231-233. – Fernand Jung in: Jugend Film Fernsehen 1973, Nr. 3 (September). – Vinzenz B. Burg in: (Kathol.) Filmdienst v. 4. 9. 1973 (FD-Nr. 18.437).
Analyse: Pierre Leroy in: Téléciné, Nr. 145, September 1968 (Fiche Nr. 492).

FILM.
Filmtext: Samuel Beckett: Film. He, Joe. Englische Originalfassung und deutsche Übertragung. Frankfurt a. M.: Suhrkamp 1968.
Kritiken: Karl Korn in FAZ v. 6. 9. 1965. – F. G. (Frieda Grafe) in: Filmkritik 1965, Nr. 10 (Oktober). – Ernst Wendt in: Film (Velber) 1965, Nr. 10 (Oktober). – Klaus Hellwig in: Bericht der XII. Westdeutschen Kurzfilmtage Oberhausen 1966, S. 86-87.

Wie jede Arbeit heute über Buster Keaton verdankt auch diese sehr viel der Unterstützung Raymond Rohauers, der uns viele Kopien für Besichtigungen überließ. Sie fanden, mit freundlicher Hilfe von Janus-Film und Fernsehen, im Sommer '74 in Frankfurt statt. Für die Bilder danken wir der ARD-Filmredaktion, der DFFB, dem Walter Kirchner-Verleih und den Privatarchiven Enno Patalas und Wolfram Tichy.